正能力十书

方圆成就美好人生

罗雀 编著

二十一世纪出版社集团
21st Century Publishing Group
全国百佳出版社

图书在版编目（CIP）数据

方圆成就美好人生 / 罗雀编著. -- 南昌：二十一世纪出版社集团，2018.6

ISBN 978-7-5568-2765-7

Ⅰ. ①方… Ⅱ. ①罗… Ⅲ. ①成功心理－通俗读物 Ⅳ. ①B848.4-49

中国版本图书馆 CIP 数据核字 (2017) 第 144113 号

方圆成就美好人生 罗雀/编著

策　　划	张　明
责任编辑	敖登格日乐
出版发行	二十一世纪出版社集团 （江西省南昌市子安路75号　330009） www.21cccc.com　cc21@163.net
出 版 人	张秋林
经　　销	新华书店
印　　刷	北京正合鼎业印刷技术有限公司
版　　次	2018年6月第1版　2018年6月第1次印刷
开　　本	787mm × 1092mm　1/16
印　　张	17.25
字　　数	260千字
书　　号	ISBN 978-7-5568-2765-7
定　　价	39.80元

赣版权登字—04—2017—533

目录

修省卷

第一

原文

宁耐，是思事第一法。安详，是处事第一法。谦退，是保身第一法。涵容，是处人第一法。置富贵、贫贱、死生、常变于度外，是养心第一法。（《呻吟语》）

译文

安宁而具有耐心，是思虑事情的最好方法。从容稳重，是处理事情的最好方法。谦虚退让，是保全身家性命的最好方法。有涵养能宽容，是处理人际关系的最好方法。把那些财富权贵、贫穷卑贱、生存死亡、变幻无常等置之度外，是修身养性的最好方法。

解读

想要与人相处甚得，把事情办得顺利，修养身性，这些都需要有智慧。在思考事情的时候，如果保持心里宁静安舒，而且还要有耐性，才会把事情前前后后的过程细节考虑得清清楚楚，在具体操作的过程中也就不会出现多大的问题。遇到事情的时候，要安下心来，沉着冷静，各方面都照应得当，也就不会出现什么疏漏和失误了。

“满招损，谦受益。”你越谦虚，别人就会前来指教你，也就不会攻击你了；你凡事越退让，不与人竞争，自然也就保全了自己的生命。因为人们在争名夺利的时候往往会想方设法或者不惜牺牲他人的利益。我们在适当的时候懂得谦虚退让，也就不会给他人构成危胁，从而成为别人攻击的靶子。

如果你能够用博大的心胸去包容别人，不事事挑剔、吹毛求疵，那么人们就会觉得跟你相处非常融洽，自然也就不会有什么隔阂了。

不管是保持心里的宁静、安详，还是遇事谦退包容，这都只是一种方法，最关键的还是要调整自己的心态。这就需要我们把那些财富权贵、生死苦乐统统抛诸脑后，不再给心灵造成负担，让心理上平衡一些，生活便会过得自在一些。

案例

郭子仪智退鱼朝恩敌意

古往今来，不知有多少人为名利所累，争名夺利的目标冲昏了他们的头脑，做出种种伤害别人利益的行径，当然，最终伤害的，还有他们自身。但是还有一些人，他们位高权重，在生活中却能左右逢源，为万众所敬仰。

唐朝郭子仪曾率军在安史之乱中收复长安，被封代国公；吐蕃、回纥入侵，郭子仪再度收复长安，晚年被尊为“尚父”。尽管如此，由于古代功臣的功劳大到没法再讨到赏赐的时候就要被陷害，功勋卓著的郭子仪也曾有过“功高不赏”的忧惧。

中贵人鱼朝恩嫉妒郭子仪的功劳，就派强盗到华州掘了他先人的坟墓。郭子仪的副将等人想要追捕鱼朝恩的同伙。可郭子仪上朝时却只是号哭着自我责备，趁机对皇帝说：“我率领军队，出外征战，动不动就要经过一年的时间。杀害人家的兄弟，杀害人家的父母太多了！那些有着节操的义士，在心里对我怀恨的人是很多的。现在构成了罪过，我应当承担这罪过。但我是为国家尽力的，即使死掉也不后悔。”此语一出，朝廷内外一致感觉郭子仪高深莫测。

鱼朝恩又约郭子仪到他建造的章敬寺游览，元载派人告诉郭子仪鱼朝恩将做不利于他的事。部下请求在衣服中穿上铠甲一起去，郭子仪不同意，只带十几个家僮前往。鱼朝恩说：“为什么车马随从那么少？”郭子仪将他所听到的一切如实相告。鱼朝恩很是羞愧，对郭子仪的敌意就此了断。

郭子仪不但自己富贵长寿，而且后代繁衍安泰。八子七婿都是朝廷重要官员，孙子多达数十人。他“权倾天下而朝不忌，功盖一代而主不疑”，举国上下享有崇高的威望和声誉。

自古以来，“功高盖主”不知让多少仁人志士身遭不幸，但郭子仪是个例外，他能够做到位高权重却让自身毫发无损、子孙安泰的秘籍，正在于他的为人处世之道，归根结底，在于他平静谦和的心态。在各种竞争尤为激烈的今天，格外值得我们学习。

原文

不动气，事事好。(《呻吟语》)

译文

凡事不要轻易生气，就会事事顺利。

解读

生气不仅身体受到伤害，而且往往会导致失败。诸葛亮为了激怒司马懿出来决战，便送给他一身女人服装。结果司马懿不仅不生气，反而安然接受了下来，并且请送服装的人吃饭，竟然气死了诸葛亮自己。这正好应了一句俗语:“人气我不气，我气中他计。”我们的敌人总是希望我们失败，在战场上他们或许打不倒我们，但他们可以想方设法地让我们生气，如果我们真的动怒，岂不中了敌人的圈套。

因为人一旦生气动怒，神志便不会清楚，处理问题也会偏激，不能认真思考，做起事来也会神不守舍，结果往往会做出错误的判断，自然也就不会有什么好的结果了。人们常说，和气生财，遇事冷静，不温不火，才能诸事顺利。所以我们遇到事情的时候，无论是什么情况下，都必须做到不动气才行！这样不但不会让事情恶化，对身体也大有裨益。

案例

张飞命丧末将之手只因动气

处变不惊是一种修为，可惜，这不是每个人都能做到的。古语说“气大伤身”，实际上，气大了有时候伤到的不仅是自己，还会累及自己身边的人。

三国时刘关张桃园三结义，彼此之间关系甚笃，当张飞听说二哥关羽被东吴所害，便“旦夕号泣，血湿衣襟”，悲痛之极，发誓为兄长报仇雪恨。

为缓解张飞的情绪，将领们以酒劝解，不料酒醉之后的张飞怒气更大。帐上帐下，只要士兵有过失就实行鞭打，致使有的士兵被活活的鞭打而死。

刘备知道后，劝张飞要宽容对待手下的士卒，不要鞭打他们，还说这样会引起军中不满，对张飞自己不利。可是这没有引起张飞的重视。

一天，张飞下令，限三日内制办白旗白甲，三军挂孝伐吴。次日，两员末将范疆、张达入帐告诉张飞时间紧促，请求宽限。

不料张飞大怒，喝道：“我急着想报仇，恨不得明日便到逆贼之境，你们怎么敢违抗我的命令！”于是把两个人各鞭打五十下，并令其第二天一定要全部完备，否则就杀了他们。

范疆私下里和张达说：“今日受了刑责，让我们怎么能够筹办？这个人性暴如火，如果明天置办不齐，你我都会被杀啊！”

张达说：“与其他杀我，不如我杀他！”

范疆说：“只是没有办法走近他。”

张达说：“我们两个如果不应当死，那么他就醉在床上，如果应当死，那么他就不醉好了。”

这天夜里，张飞又喝得大醉，卧在床上。范、张二人各怀利刀潜入帐中，杀了张飞之后，取了他的首级逃到了东吴。

无论张飞曾经如何叱咤风云，他的结局都令人叹惜。如果他能够按捺住自己，不动怒，那么就能保持冷静的头脑，自然不会做出过激的决定，手下的士卒就不会有鞭打之苦，他自己也就自然不会命丧黄泉了。在这一连串的假设背后，更为引人深思的是我们自己该如何面对生活中的不如意。“每临大事，必有静气”，这值得我们仔细思考、认真学习。

原文

防欲如挽逆水之舟，才歇力便下流；力善如缘无枝之树，才住脚便下坠。是以君子之心无时而不敬畏也。（《呻吟语》）

译文

防止过分的欲望就好像是在拉扯在逆水中行驶的船，才刚刚休息一下船又会往下流去；努力做好事就好像是在攀爬没有枝杈的树木，才刚刚停住脚步便又会往下坠落。所以，品行高尚的人心里无时无刻不觉得谨慎和害怕。

解读

人都会有各种各样的欲望，随着社会越来越发达，物质条件的越发优越，人们的欲望也越来越泛滥。人们如果放纵自己的欲望，势必要违背自身的条件或者给他人带来损害，因此随之而来的烦恼也越来越多。

想要防止自己的欲望过分发展其实是一件很困难的事情，因为我们很多人都有一种思想，即要出人头地，要争名夺利，要富贵荣华，要娇妻美妾，要权倾天下。对于这些功名利诱，我们需要保持一颗清醒的头脑，淡泊名利的心，一刻都不能懈怠。

要防止欲望的侵害，最好而积极的办法，是积德行善做好事。去帮助那些需要帮助的人；帮助了别人，自己的私欲也自然就减少了。然而行善的事情也是不容易的，就像攀爬一棵没有枝杈的树，只要一停下来，人就会往下掉。所以，想要成为一个品德高尚的人，自己的心灵就要无时无刻不保持警惕，一刻也不能松懈。

案例

和珅的贪欲带来悲剧人生

“人心不足蛇吞象”，欲望这东西是最能看出人的本性的，在一个欲望得到满足之后，人如何处理下一个欲望，是适可而止还是得寸进尺，就看人的想法了。

和珅在乾隆朝后期可谓一人之下、万人之上，他自己野心的膨胀以及他与继任者嘉庆皇帝之间的种种龃龉，注定了他的悲剧人生。

和珅贪财，生活奢华，他的三处花园有如皇家园林一般。他也十分好色，妻妾具体有多少连自己都不清楚，其中不乏强夺来的他人之妻、下官选送的美女，还有截留遣返的宫女。仅和府的佣人就有1000多人，和府奴才狗仗人势，欺压百姓，敛财纳贿，仅总管刘全被查抄的财产就有20万两黄金之多。

和珅虽然享尽了荣华富贵，但仍是一人之下万人之上的臣子，这成了他的心结，每逢深夜，他便穿上龙袍过过当皇帝的瘾。此外，和珅还在冀州选了大片土地为自己建造坟墓，建有殿、阁、楼房219间，称为“和陵”，想与皇帝比试一下气派。

和珅权倾朝野，乾隆皇帝去世后，被嘉庆皇帝赐死。

位高权重，必然带来依附者甚众；利欲熏心，必然导致行为的无所顾忌。如此，外界的制约因素大大削弱，而自身野心却不断膨胀，最终，在私欲的驱动下，“清官”和珅自然而然地完成了向“贪官”的转化。

其实，在“政以贿成”的封建政治制度下，和珅即使成了“贪官”，也并不必然会有身败名裂的下场。问题还是他太“顺”了，太过张狂了，他只知“进”而不知“退”，连“一朝天子一朝臣”这种最起码的道理也不懂，这才会有他最后悲惨的下场。

知足常乐是古训，做不到知足就不能常乐，从这个角度讲，和珅的悲剧结局是在意料之中的。壁立千仞无欲则刚，在我们今天的生活中，似乎尤为发人深省。

原文

人之过误宜恕，而在己则不可恕；己之困辱宜忍，而在人则不可忍。(《菜根谭》)

译文

对于别人的过失和错误应该多加宽恕，而自己有过失错误却不可以宽恕；自己遇到困境或屈辱应该尽量忍受，可是别人受到困境或屈辱就要设法替他消解。

解读

律己宜严，待人宜宽，是一种待人之道。我们“律己宜严”是因为每个人身上都有惰性，我们常常给自己寻找借口，而放弃一些正当的想法、计划或原则。如果不善于进行自我控制、做到严于律己，那么我们就很难实现预期发展目标，最终可能因此而导致一事无成。待人宜宽，为的则是给人自新的机会。

一般人如果“以圣人望人，以常人自待”，那么这种人在任何事情上都无法跟别人合作。而如果我们能以责人之心责己，就会减少自己很多过失；以恕己之心恕人，就可以维护住良好的人际关系。已所不欲勿施于人，这种推己及人的恕道，是一个人修养品德的根本要诀。

君子忍人所不能忍，容人所不能容，这是宽以待人、严于律己的表现，也是正确的处世之道。

案例

齐桓公不记私仇任用管仲

有句话叫“宰相肚里能撑船”，而身为一国之君，能否容得下、容纳多少一个曾经有仇于自己的人，不仅关乎自身，还关乎百姓，关乎这个国家的发展。

春秋时期，鲍叔牙与管仲曾各事其主，分别协助公子小白和公子纠争夺王位。在双方的交战中，管仲曾用箭射中了公子小白衣带上的钩子，后来小白做了齐国国君，即齐桓公。

齐桓公命鲍叔牙为相国。鲍叔牙推辞说：“我是个庸臣，您给我恩惠，使我免于挨饿受冻，就是对我的赏赐了。如果要治理好国家，则只有管仲能行。我之所以不如管仲，有五方面：宽容厚道，安抚百姓，我不如他；治理国家，不失权柄，我不如他；属守忠信，组织百姓，我不如他；制定礼仪使四方效法，我不如他；执枪鼓立于军门，指挥作战，使百姓个个勇敢，我不如他。”

齐桓公说：“可是管仲曾经射中我的带钩，使我差点丧命。”

鲍叔牙说：“那是为他的主子效力啊。您如果能宽恕他，让他回来，他也会一样效忠于您的。”

齐桓公采纳了鲍叔牙的建议，放下私仇，还亲自到郊外迎接管仲，并拜管仲为相。

管仲协助齐桓公在经济、政治、军事方面进行改革。数年之间，齐国转弱为强，成为春秋前期中原经济最发达的强国。

君子坦荡荡，小人长戚戚。齐桓公正是以宽广的胸襟，不计前嫌，包容了管仲，才有了齐国的发展强大。在我们的生活中，大到国家之间，小到你我，都应该有这样一种气量，放别人一条生路，给自己留一条后路，用宽容的心去包容别人的过失，“得饶人处且饶人”是善举，更是美德。

原文

宁为小人所忌毁，毋为小人所媚悦；宁为君子所责备，毋为君子所包容。(《菜根谭》)

译文

做人做事宁可被小人猜忌毁谤，也不要被小人的甜言蜜语迷惑；做人做事宁可被君子责难训斥，也不要被宽宏雅量包容。

解读

小人所称道的，并不见得就是什么好事，被小人诋毁的，也不见得就是什么坏事，因为小人津津乐道的常常是丑言恶行，他们诋毁攻击的也常常是美言善行。与此相反，君子都有一颗包容之心，君子的态度可以作为一面镜子，如果受到君子的斥责，那么自己还是一个有希望的人。如果有了过失，受君子宽恕而不加责备，那么自己有可能不自知而失去了向善的机会。

生活中，被小人嫌忌或诽谤，于个人并没有丝毫的损失。如果为小人所喜悦而自以为得意，那就难免被人家认为是与小人臭味相投了。甜言蜜语对你的人往往有所求，来说是非的人必定都怀着一颗是非心，只有诚心交流情感，直率说出你不足的才是正人君子。

做人应该有高尚的气节，即使才能有天赋的大小，但节操却没有天生的高低。我们要有明确的是非观，锤炼自己的善恶观念。如果自己的心中没有标准，做人就不会有原则，没有原则，就喜欢关心别人对自己的评论，关心别人说自己些什么，那么人生还有什么意义。

案例

唐玄宗任李林甫为相导致政治衰败

虽然每个人都喜欢那些夸奖自己的话，但是那些真正有利于自己的并不是这些，而是那些指出自己不足的话。唐太宗曾以魏徵为鉴的故事被传为美谈，随着唐朝经济的发展、国力的强盛，他的后代唐玄宗又是怎么做的呢？

李林甫原为吏部侍郎，奸佞狡诈，与众宦官、妃嫔交情深厚，所以对皇帝的一切了如指掌。因此他每次都能顺着皇帝心意奏旨，获得唐玄宗赏识，唐玄宗有意任用李林甫为相。

对此，时任宰相张九龄极力反对，他进谏说："宰相关系国家安危，陛下相林甫，臣恐异日为庙社之忧。"又认为应按军法处置不听指挥打败仗的安禄山，而且还对唐玄宗说安禄山"貌有反相，不杀必为后患"。可惜唐玄宗不仅听不进张九龄的意见，还听信谗言，免去张九龄的宰相职务。

李林甫一当上宰相，第一件事就是把唐玄宗与百官隔绝，不许大家在玄宗面前进谏。一次，他把谏官召集起来，公开宣布说："现在皇上圣明，做臣下的只要按皇上意旨办事，用不到大家七嘴八舌。你们没看到立仗马（一种在皇宫前作仪仗用的马）吗？它们吃的饲料相当于三品官的待遇，但是哪一匹马要是叫了一声，就被拉出去不用了，后悔也来不及了。"

一个谏官不听，上奏本给唐玄宗提建议。第二天，就被降职到外地去做县令。大家知道这是李林甫的意思，以后谁也不敢向玄宗进谏了。

李林甫为人城府深密，人莫测其际，"好以甘言啖人，而阴中伤之，不露辞色"，当时人们都说他"口有蜜，腹有剑"。

唐玄宗罢免直言不讳的忠臣张九龄，任用口蜜腹剑的奸臣李林甫为相，不仅给自己带来不幸，也给国家和百姓带来苦难。李林甫"凡在相位十九年，养成天下之乱"，唐朝的政治由盛转衰。

良药苦口利于病，忠言逆耳利于行。真正的朋友，在看到我们优点的同时，也能够指出我们的缺点，这样，我们才能冷静看待自己，改正自身的不足。

原文

受人之恩虽深不报，怨则浅亦报之；闻人之恶虽隐不疑，善则显亦疑之。此刻之极，薄之尤也，宜切戒之。(《菜根谭》)

译文

受到的别人的恩惠虽然很多很大也不设法报答，但是一旦有一点点怨恨就千方百计地想办法报复；听到别人的坏事即使很隐晦也深信不疑，而对于人家的好事就算再明显也心存疑虑。这样的人可以说刻薄到了极点，冷酷得过分，做人千万要谨记戒绝这样的行为。

解读

在生活中，很多人都喜欢打听别人的隐事、坏事，所谓“好事不出门，坏事传千里”。有的人是出于一种好奇显能的恶习，有的人却是记仇，一种想要报复的心态；有的人受到别人的恩惠，不仅不懂得涌泉相报，反而为了一点小小的怨恨就与人反目成仇。这些人的行为，可以说是冷酷刻薄到了极点，凡事只想着个人的利益，没有一丁点仁义道德的观念。他们的人际关系，一定谈不上“和谐”二字了。

我国传统文化中历来就有“隐恶而扬善”的美德。我们做人更应该如此，要懂得恩怨分明，更应有这样一个思想境界。想要达到这样的一个境界，如果没有长久的磨炼，宽厚的胸怀，良好的道德基础是不行的。所以隐恶扬善不仅是一种品德修养，一种交际方式，也是人际和谐的一个前提。

案例

两个儿时伙伴见到朱元璋后的不同结局

说话是一门艺术，同样的事情，不同的人说出来有不同的效果，对于别人的坏事，要尽力隐瞒，而对于好事，则要宣扬，所谓“言为心声”，说出来的话代表了内心的善恶，顾及对方的感受，就是对他的尊重，善待别人，就是善待自己。

明代开国皇帝朱元璋出身贫寒，少年时曾给有钱人家干零活，甚至一度还为了果腹而出家为僧。

朱元璋当了皇帝后，有一天，他一个儿时的伙伴来京求见。那人知道朱元璋从小就是一个爱面子的人，于是一进大殿，即大礼下拜，高呼万岁，说：“我主万岁！当年微臣随驾扫荡芦州府，打破罐州城，汤元帅在逃，拿住豆将军，红孩儿当道，多亏菜将军。”朱元璋回想起当年大家饥寒交迫时，有福同享、有难同当的情形，心情很激动，立即重重封赏了这位老朋友。

还有一个伙伴见到朱元璋，喜出望外，心想，不管你现在有多高贵，你都是我小时候的玩伴儿，你的老底儿谁不知道啊，何况我还帮过你呢，便不加思考地说：“老朱，咱哥儿们以前都帮人干活儿。一次，在芦花荡里，咱们把偷来的豆子放在瓦罐里煮，还未熟，大家就抢着吃，把罐子打破了，豆子撒了一地，汤也泼了。你只顾抓地上豆子吃，却连红草叶也送进嘴里，谁料叶子卡在喉咙里，让你很痛苦。幸好我叫你把青菜叶吞下去，才把红草叶带下去……”朱元璋被人揭了老底，颜面无存，龙颜大怒：“给我推出去斩了！”

同样是朱元璋儿时的伙伴，同样是一起到芦花荡偷豆煮豆的经历，同样是说给一国之君的朱元璋，却因为描述的不同而造成不同的结局。因为二人的话带给朱元璋两种截然不同的感受，前者听起来会让人觉得朱元璋威风凛凛，而后者则涉及为人所不齿的偷盗行为，这令朱元璋颜面尽失，前者是“扬善”，后者是“扬恶”，善恶之间，二人的命运由此截然不同。可见，懂得隐瞒别人的错误，也不失为对别人的尊重，而尊重了别人，也会赢得别人的尊重。

原文

举世都是我心。去了这我心，便是四通八达，六合内无一些界限。要去我心，须要时时省察这念头是为天地万物，是为我。(《呻吟语》)

译文

整个世界都是我自己的心灵。去掉了这个我自己的心意，便会四通八达了，上下天地和东西南北四方也就没有任何界线隔阂了。要去掉这个我自己的心意，就必须无时无刻不在反省审察心中生起的念头是为了天地万物，还是只为了我自己！

解读

佛经中有言："三界唯心"，是说整个世界都是我们自己心灵的反映和表现。人们如果知道了这个道理，也许就不会再贪婪了。因为整个世界都是我的了，我还会再去跟别人争什么呢？可惜的是，人们往往不会这么想。

人们之所以不能让心灵自由自在地畅游，关键问题还是在于私心太重，只想着自己的生死富贵、名利得失，和天地自然处于对立的位置而不能达到和谐统一。如果人们能去掉这个我心，变成大公，时刻在自己的心灵里面省察自己，看看自己的心里是否想着天地万物，那么我们就能走出自己那片狭小的天地，哪里都可以去的，又何处不是我家园，又何必再介怀于名利和富贵呢！

案例

祁黄羊公而忘私举荐仇人解狐

任人唯贤与任人唯亲是两种截然不同的用人思路，现实生活中，很多人羡慕那种“一人升天，仙及鸡犬”的状态，很难有人能够做到举贤荐能，不论公私。然而，历史上却有这样一个人，他真正地做到了任人唯贤，他就是春秋时期晋国大夫祁黄羊。

一次，晋平公问大夫祁黄羊：“南阳县缺个县令，你看派谁去当比较合适呢？”

祁黄羊毫不迟疑地回答：“叫解狐去，他为人公正，做那里的县令最合适了，一定能够胜任！”

晋平公惊奇地问：“解狐不是你的仇人吗？你为什么还要推荐他呢！”

祁黄羊笑着说：“您只问我什么人能够胜任，谁最合适当南阳的县令，您并没有问我解狐是不是我的仇人呀！我和他只是私人的恩怨，并不能掩盖他的才华嘛。”

晋平公就派解狐到南阳县去上任。解狐到任后，果然办了很多好事，赢得百姓的称颂。

后来，晋平公又问祁黄羊：“现在朝廷里缺个法官，你看谁能胜任呢？”

祁黄羊毫不犹豫地说：“祁午能够担任这个职务。”

晋平公又奇怪地问：“祁午不是你的儿子吗？你推荐自己的儿子，难道就不怕别人讲闲话吗？”

祁黄羊说：“您只问我谁可以胜任法官这个职务，并没有问我祁午是不是我的儿子呀！”

晋平公就派了祁午做了法官。祁午上任后，的确能秉公执法，受到人们的好评。

对此，孔子评论说：“祁黄羊说得太好了！他推荐人才完全以才能为标准，不因为是自己的仇人便不推荐；也不因为是自己的儿子，怕人议论，便不推荐。像祁黄羊这样的人，才称得上‘公而忘私’啊！”

公而忘私是一种境界，更是一种品德。当我们每个人都能达到这种境界、拥有这种品德的时候，我们的社会必定风清气正，人尽其才、才尽其用也一定不是虚谈。

原文

恕心养到极处，只看得世间人都无罪过。(《呻吟语》)

译文

如果宽恕他人的心理能够修养到最高的境界，就只会看到整个世界上的人都是没有罪过的。

解读

在内心自私狭隘的人眼里，世间充满了罪恶和邪祟，任何人都是自己的敌人，他们不相信任何人，对谁都严加提防，整天提心吊胆地言行处世。在他们的心里，只有黑暗，没有善良和光明，我们又怎么能指望他们能为天下做善事呢？他们心里永远都无法求得平衡，所以他们的心灵就永远不可能自由闲适。

“己所不欲，勿施于人”，懂得宽恕他人的人，他们永远都有一颗宽宏大量的心，对于邪恶的事他们会加以阻止，别人的一时之失，他们能帮他及时改正。有宽恕之心的人，对世界、对他人，都会抱着一种积极乐观的态度，他们会用一颗平等的心去对待社会上的每一个人。他们的心灵也是最开阔的，自身也不会有什么烦恼。所以圣人修养自己的一颗恕心，目的就是要让自己活得自在一些。

君子要抱着一种宽恕的心理去对待他人和人生，至少不会在自己的心中形成一种负担。把天下的人都看成是好人，我们的心里还有什么是装不下的呢，这也就是恕心的妙用。

案例

仙崖禅师恕心感化贪玩弟子

人无完人，金无足赤，从这个角度看每一个人、每一件事，即便所面对的是这个人的缺点，即便所看到的是一件坏事儿，也能淡然处之，这是常人所不易做到的。

仙崖禅师曾经收过一个贪玩的徒弟，他耐不住寺院的寂寞，常常在傍晚时分趁着禅师不注意偷偷翻墙出去玩，天快亮的时候再悄无声息地溜回来。

一天傍晚，他在后院的高墙下又架起一张高脚凳，翻墙溜出去了。在院子里散步的仙崖禅师忽然发现了墙角边的这张凳子，知道有人违规越墙出去闲逛了，禅师于是走到墙边，将凳子搬到一边，就地而蹲，等待溜出去的人归来。

黎明时分，那位徒弟尽兴归来，黑暗中踩着禅师的脊背跳进了院子。双脚落地，他才发现自己所踩的不是凳子，而是自己的师父，顿时吓得魂飞魄散，一动不动地矗立在那里，连大气都不敢喘一口。乖乖地等待禅师责备。

但是，令他意外的是，师父并没有厉声责备他，反而关心地说："夜深天凉，快去多穿一件衣服。"

徒弟回到住处，坐卧不宁，辗转反侧，难以入眠，生怕第二天会当着所有学僧的面遭到师父的批评。日子一天天过去，师父没有再提及此事，也没有第三个人知道。徒弟的内心渐渐恢复了平静，为此感到深深自责。从此再也没有偷偷溜出去玩耍，而是一心一意跟随师父学习本领，最终成为一代深有造诣的高僧。

这位徒弟是幸运的，因为他遇到了仙崖禅师。可是，生活中，我们有几人能有如此的幸运？那么，就让我们从点滴做起，从自身做起，从现在做起，善待他人，宽容他人，努力去做一个如禅师一般上善若水的人吧！

原文

地之秽者多生物，水之清者常无鱼；故君子当存含垢纳污之量，不可持好洁独行之操。(《菜根谭》)

译文

一块堆满了污秽之物的土地，才是能生长许多植物的好土壤；一条清澈见底的河流，常常不会有鱼虾来繁殖；所以君子应该有接纳庸俗的气度和宽恕他人缺失的雅量，绝对不能自命清高，不跟任何人来往而使自己陷入孤独的境地。

解读

《孔子家语》说："水至清则无鱼，人至察则无徒。"一个心地纯真、修养很高的人往往容易有缺乏容人不足的涵养，因为自己道德自律严，便由己及人，总觉得别人的行为习惯都是庸俗浅薄、低级无聊的，不值得与其接近，有点傲视一切的味道。即使有时想"迁就一下"，"屈驾俯就"他人，也显得极为不自然，别人也不愿意接受这种俯就。他们太孤芳自赏、自命清高而没有朋友，常常使自身陷入孤立无援的状态，以致最终事业无所成。

世间并没有绝对的真理，也没有什么东西是绝对的，不相联系的。所以我们立身处世的基本态度，必须要清浊并容。一个人想要成就一番事业，就必须有恢宏的气度，能容天下的人才能为天下人所容，所以为了事业上的成功，也为了顾全大局，我们就必须有"厚德载物，雅量容人"的胸襟。谦让和容人都是君子所秉持的美德。

案例

孔伋瑕不掩瑜荐苟变

白璧微瑕，瑕不掩瑜。看待事情是如此，对待人时亦是如此。在看到人的缺点的同时，眼里更多的是他的优点，做到客观、公正地对待他，并且扬长避短，让其价值发挥到极致，这是一个为管理阶层所熟知的道理。而早在战国时期，就有人明白并运用了。

孔伋字子思，卫慎公的大臣，孔子之孙。

一天，卫慎公请臣下推荐能够统兵御敌的将才，子思就推荐了苟变，说他具备可以统领众多士兵的才干。

卫慎公说："我知道苟变是个将才，但是以前苟变做官时，有一次向老百姓征税，还吃了人家两个鸡蛋，所以我不想用他。"

子思说："英明的君主任用官员，就好像木匠使用木料，用它的长处而不去看他的短处；因此一根合抱的良木，只有几尺朽烂处，高明的工匠是不会丢弃它的。现在国君您正处在战乱纷争之中，需要收罗猛将，却因为两个鸡蛋而舍弃了一员可以镇守一处城池的大将，这件事情可不能让邻国知道啊！"

卫慎公恍然大悟，一再拜谢子思说："我牢记您的指教！"便立即起用苟变为将。

不愧为孔子之孙，孔伋一语点破卫慎公，既让人才受到重用，又让国家和百姓的安全多了层保障，这与他的祖父孔子"赦小过"的观点如出一辙，即对于官吏，要善于引导，赦免他们的小过失，选拔贤明的人才。诚然，为政者若对下级包容宽厚，吸引天下贤才才会成为可能，反之，就会令贤才望而却步。

原文

曲意而使人喜，不若直躬而使人忌；无善而致人誉，不若无恶而致人毁。(《菜根谭》)

译文

一个人与其委屈自己的意愿去博取他人的欢心，实在不如以刚正不阿的言行而去遭受到小人的忌恨，使人们能赞同他的品行；一个人没有善行而接受他人的赞美，还不如没有恶行劣迹却遭受小人的诽谤呢。

解读

在待人接物上，有人曲意迎合，不明确表达意愿；有人则直言不讳，光明磊落。曲意者本心定是为了讨人喜欢，或是有所乞求，这样放弃尊严去迁就别人，迎合别人，无论出于何种目的都是一个没有自尊的人，实在还不如品行刚正一些呢，虽然会遭到小人的忌恨，但却会赢得大多数人的赞美。

一个根本没有恶行的人遭受诽谤，这种诽谤虽然大多是出于一些无知者的攻击，但最终还是能博得有识之士的同情。而这些攻击者不求上进、自甘堕落，他们看到正直善良的人受人尊敬和喜爱，心理上自然不平衡，于是就造谣生事进行诋毁，妄图使自己的心理能得到某种补偿，结果却得不偿失，这种人是可悲又可恨的。

人人都希望有名誉和荣耀，但是无功而受禄，无善却受誉，那不但别人心中不服，就连自己恐怕也会觉得受之有愧。自己如果没有恶，受到了人家的毁谤和嘲笑，心中并不觉得难过，因为自己是问心无愧，所以说，无善受人誉不如无恶受人毁。只要保持心地的纯真无欺，那人就必定是安心的。

案例

梁丘据趋炎附势与晏子犯颜直谏

趋炎附势也许会带来一时的满足，但是日久见人心，逢迎背后的真实企图最终还是会被人看穿的；仗义执言也许会带来一时的不高兴，但是云开见日出，慷慨陈词的初衷总会获得应有的效果。

春秋时期，齐国的大臣梁丘据死了，齐景公召见晏子说："梁丘据对我又忠又爱，我想厚葬他。"

晏子说："梁丘据是怎么忠诚与您、热爱于您的呢？"

齐景公说："我喜好的东西，主办的官员没有为我准备好，而梁丘据把他自己的玩物给我享用，因此知道他的忠诚；每逢刮风下雨，即使夜里找他，他也一定来问候我，因此知道他对我的热爱。"

晏子说："我应对您的话，就会获罪；不应对，就没有用来侍奉君王，怎敢不应对呢？我听说，臣子的心思专门用在他的君王身上，叫作不忠；儿子的心思专门用在他的父亲身上，叫作不孝。侍奉君王时对君臣以礼相待，对百姓施加恩惠，对诸侯讲信用，这才叫作忠。身为人子要尊敬父辈，钟爱兄弟，对子侄慈爱仁惠，对朋友诚实守信，这才叫作孝。如今国境以内的人民都是君王你的臣子，可是只有梁丘据竭尽全力爱护您，为什么爱您的人这么少呢？全国的财富都是您所拥有的，却只有梁丘据用他的私财对您尽忠，为什么尽忠的人也这么少呢？梁丘据阻塞群臣，蒙蔽君王，恐怕太厉害了吗？"

齐景公说："好啊！没有你，我不知道梁丘据竟然专权到这样的地步了。"于是停止了修造高大坟墓的劳役，废除了厚葬的命令，让主管的官员依据法令各负其责，让群臣指出君王的过失进行谏诤。因此，赢得了举国上下的称赞。

齐景公是幸运的，因为他有晏子这样的忠臣，敢于直言；晏子是幸运的，因为他遇到了齐景公这样的国君，能够及时认清自己，认清梁丘据"无善而致人誉"的本质。明君贤臣治理下的国家自然风清气正，一派繁荣。

而对于我们自身来讲，做一个什么样的人、选择什么样的人作为自己的朋友，就由自己决定了。

执念卷

第二

原文

己无才而不让能，甚则害之；己为恶而恶人之为善，甚则诬之；己贫贱而恶人之富贵，甚则倾之。此三妒者，人之大戮也。(《呻吟语》)

译文

自己没有才能又不肯让贤，甚至去迫害有才能的人；自己做坏事却怨恨他人行善，甚至去诬陷那些做好事的人；自己贫贱却眼红别人的富贵，甚至去倾轧别人。这三种妒忌，是人生中极大的耻辱。

解读

当一个人看到别人比自己强大，比自己有才能，自己不仅不反省自身的缺点和不足，反而产生一种恨不能使出一切手段消灭对方的心态。这是绝不可取的。俗话说“天外有天，人外有人”。一味地毁灭只会让自己堕入罪恶的深渊，只有经过不断的学习和进步才能让自己的才能加倍。

其实许多人都有不同程度的妒忌心，因为人的本性都是不容易满足的，每个人都希望自己或者自己拥有的事物比别人好，所以妒忌也是人的不满足本性的一种表现，也是对自己不如人的一种不满足心态。不过大多数人能在产生嫉妒时借助丰富的生活经验，做出正确的判断，从而理智地控制自己的情感。但有少数人由于消极情感失控，就会采取一些不择手段的行为来寻求自己的心理平衡，这些行为都被人们看作是人生极大的耻辱。

因此，在与别人相处的过程中，不要总是和别人的长处比较，别人拥有的再多，也总有不如你的地方。要相信自己，发现自己的特长，明确人生目标，不要因为别人早早取得成功而心灰意冷，甚至轻易改变自己的方向，要相信自己一定会走出一条成功之路。

案例

公孙子都暗箭射杀颖考叔

和人比较没有错误，错误的是见不得别人比自己好；羡慕别人没有错误，错误的是受不了自己不如别人。纵观历史，不知有多少人为嫉妒心所害，到头来，伤了别人，也伤了自己。

春秋时，颖考叔和公孙子都是郑庄公手下的两员干将，颖考叔勤政爱民，公孙子都英勇善射，两人都受到郑庄公的器重。公孙子都有一个弱点：总要跟别人攀比，害怕自己不如别人，有点儿嫉贤妒能。

一次出征，郑庄公让颖考叔当先锋，给了他二十辆战车。公孙子都一看：怎么我这支队伍就没有战车呢？他便直接跟颖考叔说："您应该把战车拨给我十辆，因为我这后边也是队伍。我也需要战车呀。"颖考叔说自己是先头部队，如果给子都十辆战车，先头部队的战斗力就会减弱，先头部队打不好，后续部队也很难取胜。驳回了子都的要求。子都一听很不高兴，两个人争执起来。最后，经过郑庄公裁决，颖考叔占了上风。子都心里从此对颖考叔怀恨在心。

后来，郑国出兵攻打许国。颖考叔带领士兵第一个冲上了城头。子都赶到城下，一看又被颖考叔抢了先，心里十分嫉妒，便放箭射死了颖考叔。颖考叔一死，子都便声称许国的都城是他攻打下来的。

颖考叔为暗箭所伤着实令人痛心，公孙子都窃取了他人的胜利果实为天下所不齿。"尺有所短，寸有所长。"嫉妒心强的人，更应该以虚心的态度向别人学习，才能让自己进步；退一步讲，保持一颗善心去"成人之美"也未尝不可，何况，这还会让世界更和谐、更温馨呢？

原文

面前的田地要放得宽，使人无不平之叹；身后的惠泽要流得久，使人有不匮之思。(《菜根谭》)

译文

人眼面前的心田境地要放宽厚，使你身边的人不会有不平的牢骚；死后留给子孙与世人的恩泽要流得长远，才会使子孙对你有无尽的思念。

解读

佛教将人生分为过去、现在和未来。人眼面前即是“现在”，田地也即是佛书中说的“心地”，意即人心是能做出种种烦恼的土地。人生于世，如梦如幻，究竟该怎样做人？是只顾个人私利而不管他人“瓦上霜”甚至是损人利己呢，还是为社会，为人类多做有益的事，多做一些贡献？

这实际上是两种世界观的较量。一个心胸狭窄、凡事都跟人斤斤计较的人，势必会招致他人的不满和怨言，以致身边的人都会疏远你、孤立你。而如果能做到宽以待人，善以待人，多做好事，把自己无私的爱广留人世，那么，你的恩泽就会惠及众人，死后也为后人怀念，所谓爱心永在，善举永存。一个人只有多为别人着想，心底没有私念，眼界才会广阔，胸怀才能更宽厚。

案例

秦穆公宽厚待人险境得救

自古以来，中华民族就有宽以待人的美德，而那些身居高位的明君贤臣，更是用自己的行为诠释着这一品质。“投之以桃，报之以李。”受恩之人把恩情铭记在心，想方设法报答。

春秋时期，秦穆公与晋惠公交战，一向在战场上战无不胜的穆公，这次却在岐山陷入绝境，士兵被敌军包围，眼看快被消灭，穆公决心战死。这时敌军的一角开始崩裂，一群骑马的部队冲进来，协助战斗，这些不知从哪里来的士兵非常勇猛，晋军撤走了，穆公脱离险境。到达安全地点后，穆公向这些勇敢善战的士兵敬礼，并问他们是何方的军队。他们回答说：“我们是从前吃了穆公的名马，而被赦免死罪的岐山农民。”

原来，穆公在岐山有一个王室牧场，饲养了各式各样的名马，三年前的一天，几匹名马突然逃跑了，牧官四处寻找，结果在山下附近的村庄找到了部分疑似马的骨头，牧官料定马是被村里的农民吃了，大为愤怒，把村里的三百个农民全部判处死刑，交给穆公定夺。

牧官怕秦穆公生气，于是带着这些农民向穆公报告说：“很对不起，这些农民把名马吃掉了，因此才判他们死刑。”穆公听了不但没有恼怒，还说：“因为几匹马而杀几百个人，不合情理。这几匹名马是精肉质，就赏赐给他们下酒。”就这样，三百个农民的死刑被免除了。

这天，岐山的农民听说秦穆公被围，为了报答免死之恩，就立即穿上戎装赶了过来。

至此，秦穆公才明白，为什么这些农民会比自己的正规军队还勇猛。“风物长宜放眼量”，秦穆公不曾想到，自己当时的宽容大度、怜悯之心会在时隔三年后的战场上，被一群农民以出生入死的方式报答。说到底，还是秦穆公自己的宽厚救了自己。事情就是这样，我们在为人处事中，也应该以宽广的胸襟面对、处理，不求别人回报，只求自己心安。

原文

为鼠常留饭，怜蛾不点灯，古人此等念头，是吾人一点生生之机。无此，便所谓土木形骸而已。(《菜根谭》)

译文

为了不让老鼠饿死，经常留一点剩饭给他们吃，可怜飞蛾被烧死，夜里只好不点灯火，古人这种慈悲的心肠，就是我们人类繁衍不息的生机。如果没有这一点点相生不绝的生机，那人就变成一具没有灵魂的躯壳，不过和泥土、树木相同罢了。

解读

古人所说“为鼠常留饭”未必就是真的让人给老鼠留饭，而是劝人为人处世时要有一颗同情弱者、帮助弱者的心。孔子讲仁，老子讲道，墨子讲“博爱”，归根结底，都不是为了让强者更强大，而是为了让贫弱的人得到更多的福利，让不幸的人得到更多的快乐。

在生活中，有的人看见不如自己的人，看见不幸的人，就嘲笑，就鄙视，他们借此表达自己的高明，却正好证明了自己的人格还不到三寸高。

真正的君子，都具有悲天悯人的情怀，“哀民生之多艰”，并愿意尽一己之力给弱者以帮助。人性有恶善，待人应该以慈悲为怀，不能以算计人为出发点。如果慈悲心肠的人多了，人世间便自有一片温情。

案例

仁心老翁悬壶济世去瘟疫

不是所有的医生都有妙手回春的高明医术，但所有的医生都有仁慈济世之心，都有救死扶伤的精神，这是早在古代就已经留下来的美德。正因如此，医务工作者有“白衣天使”的美誉。

汉代的某年夏天，河南一带闹瘟疫，死了许多人，医生们竭尽全力，仍旧无法医治。

有一天，一位神奇的老人来到这里，他在一条巷子里开了一个小小中药店，门前挂了一个药葫芦，里面盛了药丸，说这种药丸专治这种瘟疫。这位“壶翁”身怀绝技，乐善好施，凡是有人来求医，不论富贵贫贱，老人就从药葫芦里摸出一粒药丸给他，并说让患者用温开水冲服。

就这样，喝了这位“壶翁”药的人，一个一个都好了起来。瘟疫也渐渐消除了。

这时有个汝南人，名叫费长房，无意间见到一件奇事：这个老翁在人们走了之后便跳入壶中。费长房简直不敢相信自己的眼睛，知道老人不是等闲之辈，于是就带了酒菜前去拜访。

老翁见到费长房，便高兴地邀请他一同进入壶中，两个人彼此非常投缘，大有相见恨晚之意。费长房向老人询问治疗瘟疫的方法，老人耐心讲解，就这样，费长房向老人学习了很多医术，“壶翁”把“悬壶济世”之术全都教授给了他，并告诫他行医要怀有一颗仁慈之心。费长房学成之后，用所学之道救治了很多人。

时至今日，如果从医者都能够做到“悬壶济世”，患者对他们抱有一颗感激之心，那么医患关系的和谐该为期不远了吧。因此，如果每个人都能够做到乐善好施，那么和谐社会也该指日可待了。

原文

《示儿》云:“门户高一尺，气焰低一丈。华山只让天，不怕没人上。”(《呻吟语》)

译文

《示儿》一诗中说:“如果家境门户高出一尺，人的气焰就要低下去一丈。华山因为只是比天低，所以从来不怕没人来攀爬。”

解读

一个人的门户越高，相对来说他的社会地位也就跟着提高了起来。而在一般人看来，很多出身高门大户的人往往对待不如自己的人比较蛮横专断，气焰很高，其实这是非常不可取的。因为地位高的人往往是靠许多不如自己的人衬托上去的，身在上面的人就如同是舟船，下面的人就好比是水，水能载舟，也能覆舟，稍有不慎，就会翻船落水。

所以门户地位高的人如果过于骄傲自大，就很难得到大家的信服，因此而失去威信。时间一长，社会地位就难保了。门户越高，人们越应该谦虚谨慎，宽容大度，要时刻把自己放在和大家平等的位置上，放低自己的身段，不断加强自身的修养，这样才能不负众望。

华山虽高，但它总不会高于天，所以也就会有人去攀爬。只要你有本事，就不要担心你所处的地位如何低下，只要你有一颗向上的心，不顺着别人给的名利和地位的竿子往上爬，处处谦虚谨慎，总有一天你也会站在最顶峰的。

案例

张英退墙三尺感动邻居

谦逊礼让是中华民族的传统，身处庙堂之高，不计一己之私，礼让他人的事例，在历史上也是存在的。在安徽桐城市的西南一隅，有一条“六尺巷”，这条巷子东起西后街巷，西抵百子堂。巷南为宰相府，巷北为吴氏宅，全长100米、宽2米，均由鹅卵石铺就。六尺巷的由来，有一段佳话。

清朝康熙年间，时任文华殿大学士兼礼部尚书的张英是安徽桐城人。张英在桐城老家的宅院与一户吴姓人家是邻居，两家之间有条通道，是供双方共同出行用的。后来吴家建房，要占用这个通道，张家人自然不同意，双方将官司打倒县衙门，县官不敢轻易了断。

在这期间，张家人写了一封信给在京城当大官的张英，要求他出面干涉此事。张英收到信件后，只是释然一笑，旁边的人面面相觑，莫名其妙。只见张大人挥起大笔，一首诗一挥而就：“千里来书只为墙，让他三尺又何妨？万里长城今犹在，不见当年秦始皇。”张英命令来人快速把信带回老家。

家里人一见书信回来，喜不自禁，以为张英一定有一个强硬的办法，或者有一条锦囊妙计，但家人看到的是一首打油诗，才明白其中意思，于是主动让出三尺空地。吴家见状，深受感动，也主动让出三尺房基地。于是两家的院墙之间有一条六尺宽的巷子，六尺巷由此得名。两家的礼让之举和张家不仗势压人的做法传为美谈。

人敬我一尺，我敬人一丈。张英没有仗势欺人，反而让人三分，吴家因为张家的礼让有所退让，这样，和谐的邻里关系出现了。同样，在我们的生活中，如果凡事都能以这样的心态去处理，那么世界无疑会更加美好。

原文

处世不必邀功，大公俱是功；与人不求感德，无怨便是德。(《菜根谭》)

译文

为人处世不要想方设法去强求功劳，其实只要没有过错都称得上是功劳；帮助人不要只想着对方会感恩戴德，只要对方不怨恨自己就算是恩德了。

解读

人生在世，大丈夫本应该建功立业，但不要过度被功名心驱使，或者以龌龊低下的手段去做不可告人之事，以此来增加自己的光荣与威严，这样往往会引起种种祸端的。与其这样，还不如脚踏实地，老老实实地去为一生事业努力，这才是伟大的功业。

帮助别人是一种很好的善行，但真正地给予应该以仁心施舍，不能因为给予了别人一点小恩小惠，就抱有一种希望得到报酬的心理。如有一丝一毫这样的想法，那就是一种贪念，而不是真正地帮助别人。真正想着帮助别人，要像蜡烛般牺牲自己给人以光明，又要像太阳的光热照着大地，这些都是没有任何条件的。不望代价，不望酬劳，如此才符合施舍的真义。否则施恩求报反而招怨，要无怨心才是恩德。

为人处世应多贡献，少索取，对不属于自己的东西不强求，与人为善不要想着回报，听其自然。从这个意义上讲，才能保持真正的自我而不被功利诱惑，才会把奉献、给予当成一种崇高的境界来追求。

案例

范蠡功成身退与文种功高不赏

自古以来，文人武将都以齐家治国平天下为自己的人生奋斗目标。但是很少有人想过，功成名就之后，自己的人生该如何选择。是贪恋功名还是淡泊功名，反映着不同的人的人生观和价值观，也往往决定着人的命运。

范蠡是战国时期的越国重臣，公元前473年，在范蠡和文种的帮助下，勾践卧薪尝胆，终于灭掉了吴国。之后，勾践挥师北上，当了霸主。

勾践摆宴祝贺，群臣欢歌笑语，只有勾践一人面无喜色，范蠡注意到勾践的表情，感叹道："越王不想将功劳落到大臣名下，只能同患难，不能共享乐，猜忌之心已露，我若不走，必有不测。"第二天，范蠡就写信辞别勾践，带着细软珠宝，与随从乘船离去，始终未返回越国。勾践为表彰范蠡，把会稽山作为他的封邑。

范蠡走后，写信给文种说："你难道没有听说过吗？飞鸟打尽了，弹弓就被收藏起来；野兔捉光了，猎狗就被杀了煮来吃；敌国灭掉了，谋臣就被废弃或遭害。越王为人，只可和他共患难，不宜与他同安乐。大夫至今不离他而去，不久难免有杀身之祸。勾践长着长长的脖子，嘴尖像鸟嘴一样，这样的人只能共患难，不能同享乐。我已经走了，你若不走，定有杀身之祸，望你尽快离开他。"文种接到信后，就称病不上朝。

勾践听信谗言，认为文种是自认为功高盖世而没有受到封赏才不上朝的；何况吴国已灭，文种对自己已经没有利用价值；更害怕有朝一日文种作乱，无人能制。就有了杀文种之心。

最终，文种被勾践赐死。

同为功臣，范蠡与文种的不同结局发人深省。人生，做到与人为善而不求回报、功成名就而急流勇退，不去对别人要求太多、不去对别人希望太多、不去在意太多自身得失，才能达到"不畏浮云遮望眼，只缘身在最高层"的境界，也才能让自己的内心更为轻松和坦然。

原文

士君子贫不能济物者，遇人痴迷处出一言提醒之，遇人急难处出一言解救之，亦是无量功德。(《菜根谭》)

译文

明理达义的人，虽说家庭贫贱不能用财物来救助他人，但可以在他人感到迷惑而不知如何解决的时候，说出一句话去提醒他，或者遇到他人危机困难的时候，能从旁边说一句公道话来解救他，也算是一种很大的善行了。

解读

人们往往认为如果要帮助别人，就必须是实实在在的东西，要么是帮别人做一件事，要么是给别人一点钱或物。对于为别人出个点子，指点下迷津用道理劝诫一番等无形的东西往往被忽视，好像只有在读书人中间或是权势人物中间，才会重视常识广、境界高的人出的点子和讲的道理。

事实上，有道德的君子虽然因为家穷不能用金钱救济他人的贫困，但可以用精神的力量去感化他人。如果在人们迷惘时给他人一句提醒，就可以改邪归正，陷溺在危急困难的情况下，能得一语勉励，就可以让他人脱离危难之道，这也是一种善行，更胜于赠送他人财物的恩惠，在更讲究人的智慧的时代，我们更需要这样去提醒别人。

案例

陈抟老祖指点赵匡胤成就建国大业

人非圣贤，处在人生的节点，难免不知所措。人在迷茫的时候，往往心绪低沉，不知道前进的方向，更不知道前方的道路。在人生的十字路口犹豫不决之时，如果能有幸得到高人指点迷津，是再好不过的了。

传说，宋太祖赵匡胤幼年时在河南闯了祸，被官府捉拿，偷偷地溜到华阴地区。这一天，在这里修行的陈抟老祖算好赵匡胤这天要来华山避难，便乔扮成一个卖桃老汉，拦在华山路口。赵匡胤又饥又渴，见到又大又鲜的桃子，想也没想，就吃了起来，很快就吃光了老汉的桃子。可是，他在身上摸了半天，连一文钱也没有摸到，羞得面红耳赤。

卖桃老汉见了，微微一笑，说只要陪他下一盘棋，赢了他，就不收赵匡胤的桃钱。

赵匡胤窃喜，心想下棋是自己的专长，便爽快地答应了。第一盘，赵匡胤赢了，他非常得意，便追着老汉来到了华山东峰的下棋亭，要再比个上下。老汉问他拿什么做赌注，赵匡胤脱口而出："我赌华山！"

可是，没走几步，赵匡胤就把华山给输了。这时，赵匡胤才发现眼前的老人不是等闲之辈，便问老汉是何方高人，老汉这才亮出自己的身份，赵匡胤便请求老祖为自己指点迷津。

最终，赵匡胤成了宋朝开国皇帝，由于当年自己曾经输了华山，所以就下令免除华山一带百姓的赋税。因此，民间有"自古华山不纳粮，皇帝老子管不住"的说法。

纵然贵为一代帝王，尚曾有过落魄不堪的时候。良言一句三冬暖，作为普通人，在别人危难之际说上一句温暖人心的话语，不失为一种善举。面对别人的困境，敢于挺身而出、仗义执言，解救人于危难之际，更是我们应该学习的。

原文

竞逐听人，而不嫌尽醉；恬淡适己，而不夸独醒。此释氏所谓“不为法缠，不为空缠，身心两自在”者。(《菜根谭》)

译文

任凭别人去追名逐利，却不因为他醉心于名利而嫌弃他；保持适合自己的恬静淡泊的个性，却不因此而自我夸耀说世人皆醉只有我自己是清醒的。这就是佛家所说的“既不要被物欲蒙蔽，也不要被虚幻迷惑，要让身体和心灵都能够自由自在”的。

解读

很多人过于看重自己的修养，认为“道不同不相为谋”，总是去嫌弃甚至是鄙视那些志向和自身不同或者修养比自身低的人。其实这恰恰不能反映出他个人有多高深的修养，反倒是他的自我个性还在不断失去，逐渐成为他自己所鄙视的那种人。

“世人皆醉唯我独醒”虽然是一种可贵的品格，但如果仅靠一个人的力量，未必能起到多大的作用。就如屈原自投汨罗江却终不能阻止秦国吞并六国的步伐一样。

所以在与人相处的时候，不要以为不与人交往就是一种清修，也不要以为自傲清高就可以高于世人。我们要有一颗为善达观的心，要有谦让容人的肚量，这样才能坚持自我本真的个性，保持自己心情愉悦，与人和谐相处。

案例

子贡因入乡未随俗讨马不得

“十里不同乡，百里不同俗。”在现实生活中，我们需要入乡随俗，这是对别人的尊重。同样，在交流中，也需要迎合别人的习惯。

春秋时，孔子周游列国，有一天走累了，停下来在路上休息，这时马也逃脱了束缚，跑到附近的田地里，还吃了别人的庄稼，农民看自己的庄稼被吃了，便把马牵走了。

善为言辞的子贡向孔子请求过去说服农民，孔子同意了。但过了好长时间，子贡什么话都说了，那位农民还是不听他的，抓着缰绳不放。子贡只好怏怏地回来了。

这时，有个刚刚跟随孔子学习的粗俗的人向孔子请求去试一下，孔子点了点头。

这人走过去，对农民说：“您从来到东海耕作，我不曾到过西方来，两地的庄稼长的都一样，我的马怎么可能会不吃你的庄稼呢？”农民听了很开心，回答说：“说话就是要这样明白了当，怎么能像刚才那个人那样，说来说去也没说清楚！”随即解开缰绳，把马还给了他。

子贡看着牵回来的马不禁愕然：“怎么，你这么快就把马牵回来了？”这个人说：“他是种地的，就要和他说农民能明白的话。”子贡频频点头。

就这样，孔子一行继续上路了。

虽然“物以类聚，人以群分”，但是每个人毕竟都是一个独立的个体，都有自己独一无二的地方，我们不能事无巨细，都要求身边人与自己一致；也不必有高处不胜寒的孤独感，只需在与人相处中做到“求同存异”，虚怀若谷而又不随波逐流，保持自我又不孤芳自赏，才能实现人际关系的和谐。

原文

恶恶太严，便是一恶；乐善甚亟，便是一善。(《呻吟语》)

译文

厌恶那些丑恶的东西达到了十分严厉的地步，本身就成为一种丑恶；喜欢那些善良的东西到了很积极的地步，本身也就是一种善良。

解读

世界上的万事万物都是相互对立的，任何事情都不能做得太过分，物极必反。比如说没有善也就没有恶，没有恶也就没有善，善和恶是不会分开独立存在的。对于一个人来说，细心是优点，但过于仔细做事就难免琐碎；热情待人能使人心情舒畅，但过于热情就显得有些阿谀。疾恶如仇也是应该的，因为人就应该有好恶之感，好坏之分，但如果这种感情过于强烈，对于有过失的人或事一竿子打死，不给予别人任何改过自新的机会，这恐怕也不是一件好事。

行善也是这样，积极行善的人因为时时处处为他人着想，他的心灵也一定美好，他的所作所为影响着别人，使周围的人都能够得到善的启发，都能够积极地去行善心、做善事，这也等于是他在做善事。

恶恶太严，是因为他把可以转化过来的对立面完全给绝对化了，抹杀了他们一颗想要改过向善的心，把他们推向绝境。如果我们能给他们多一点宽容，这个世界就会多一分善。而对于善良的事情，即使我们无法自己亲自去做，但只要我们能给予更多的关注和赞美，那也是一种善良的行为，因为我们的心灵是美好的，是向善的，这个世界才是充满希望的。

案例

善恶就在一瞬间

人之初，性本善。人性最初是向善。但是，绝对的东西是不存在的，善与恶也是相对存在的。同一个人身上，有善的一面，也可能有恶的因素。善与恶，有时就在一瞬之间。

一位禅师有两名弟子。一天，大弟子下山化缘，得了一担鲜桃，他挑着桃儿乐滋滋地往回赶。路过李家庄时，感到内急，他就把桃子放在树下，然后找地方方便去了。回来时，见一大群人正围在树下吃桃子，大弟子大喊："那是我的桃子，不许吃！"听到喊声，人们一哄而散。

回到寺里，大弟子向师父抱怨："李家庄的人太可恶了，居然偷吃我们的桃子！"禅师慈祥地笑了："不怪他们，愿佛祖保佑他们平安。"

过了些天，二弟子下山化缘，一不小心摔伤了腿，倒在了李家庄的村口。村民发现了，就把二弟子抬回家中，还请来医生给他治疗。伤好之后，二弟子回到寺里，把经过告诉了师父。

禅师笑了，他问大弟子："你还说李家庄的人可恶吗？"大弟子挠着头，说："上次是挺可恶的，这次怎么变得这么友善了呢？"禅师说："大善大恶的人，毕竟是少数。世间的大多数人，都和这些李家庄的村民一样，是些普通人。既有小善，也有小恶。你给他一个善的契机，他就表现为善；你给他一个恶的契机，他就表现为恶。所以说，恶要原谅，善要引导。你把一担桃子丢在树下不管，还怪别人吃吗？"

李家庄的人代表了我们这些平凡人，禅师的话的确令人深思。生活中，我们往往喜欢给不同的人贴上标签，这个标签一旦确定，便不容易被揭下，这个人是善是恶也就由此而定。可是，"金无足赤，人无完人。"再完美的人，也难免有缺点，所以，我们需要用宽容的眼光，去看待不完美的人，用体谅的心情，去看待不完美的事。用善心去包容别人的恶，世界才会更美好。

原文

我有功于人不可念，而过则不可不念；人有恩于我不可忘，而怨则不可不忘。(《菜根谭》)

译文

自己帮助或救助过别人的恩惠，不要常常挂在嘴上或记在心头，但是如果有对不起别人的地方就应该时刻记在心头；别人曾经对我有过恩惠不可以轻易忘记，别人有对不起我的地方则不能不忘记。

解读

在待人处事上，以恕人克己为前提的恩怨观是一个人有修养的表现。如果一个人身受大恩而又“忘恩负义”“恩将仇报”“过河拆桥”的话，他要顾全自己的体面，一定比不相干的陌路人更加恶毒，他要证实对方罪过才能解释自己的无情无义。而君子却有“以德报怨”“涌泉相报”“一饭之恩终身不忘”的传统，用感恩的心做人，用报恩的心做事，这样的报恩才是幸福的。

如果一个人向别人施以恩惠，却对自己的善行念念不忘，却也只会让原来的好意灰飞烟灭。施以别人的恩惠我们不要念念不忘，更不要希冀别人的回报。

施恩莫念，受恩莫忘。人不能忘本，更不能忘却自己何以生，何以乐，何以得福，饮水思源，才是做人的根本和正道。做人不要斤斤计较，少想别人的不足，别人对我的恩惠要时刻牢记在心。如果人人都这样想，人际就和谐了，世界就太平了。多看别人的长处，多记别人的好处，矛盾也就化解了。

案例

宋太祖知恩不忘与宽厚容人

自古以来，上至高官贵胄下至普通百姓，受人滴水之恩，都希望日后可以涌泉相报。而对于别人的过错，则大都选择宽容，不去计较。宋太祖赵匡胤是中国历史上一个承前启后的重要人物，具有完美的人格魅力，他勤政爱民，严于律己，不近声色，崇尚节俭，还知恩图报，宽容大度。

当年，赵匡胤闯天下时，一日傍晚，行至一个山区小镇，饥肠辘辘，见到一个卖莜面的摊点，顾不得问价就大吃起来。薄薄的莜面窝窝，加上羊肉蘑菇卤子，闻起来香，吃起来更美，不一会儿就吃了十八大碗莜面，外加三大碗金针菜、木耳、蘑菇做的三仙汤，顿感精神倍增，转脸问卖莜面的多少钱。“莜面加卤子一大碗三文钱，十八大碗是五十四文；三仙汤每大碗一文钱，总共为五十七文钱。”卖莜面的回答。赵匡胤的手伸进口袋，却怎么也拿不出钱来。卖莜面的见吃饭人的窘态，已猜到几分，便豁达地说：“就给一文钱吧。”赵匡胤羞愧难当，憋了半天才说出一句：“唉，这叫一文钱难倒英雄汉啊！”卖莜面的也没办法，只好说：“一顿饱饭就算我送你啦。”

多年以后，赵匡胤做了皇帝，没有忘记当年的莜面窝窝、蘑菇卤及三仙汤，便派了两位心腹大臣费尽周折找到当年的恩人并带到京城。金銮殿上，赵匡胤见对方认不出自己，便拉住他的左手说：“我就是几年前吃了你十八大碗莜面窝窝，还喝了三大碗三仙汤的那个人啊！”之后，赵匡胤为报答那一顿饱饭之恩，将做莜面的委以工部侍郎之职。

赵匡胤器量宽宏，不以杀戮服人。一次，他设宴招待群臣，翰林学士王著曾经是后周世宗柴荣信任的臣子，由于喝醉了酒，思念故主，当众喧哗起来。群臣大惊。宋太祖却毫不怪罪，命人将他扶出去休息。王著不肯出去，掩在屏风后面大声痛哭，好容易才被左右搀扶出去。第二天，有人上奏说王著当众大哭，思念周世宗，应当严惩。宋太祖说：“他喝醉了。世宗在时，我和他同朝为臣，熟悉他的脾气。他一个书生，哭哭故主，也不会出什么大问题，由他去吧。”王著于是免去一死。

不愧为一代明君，宋太祖的报恩之心与容人之举令世人敬仰，为君如此，堪称国家之幸、百姓之福。时至今日，如果在我们自己的为人处世中，大家都能做到“忘功不忘过、忘怨不忘恩”，那么这个社会必将和谐稳定，人与人之间定会温馨和睦。

清心卷

第三

原文

使气最害事，使心最害理，君子临事平心易气。(《呻吟语》)

译文

人如果遇事都要使用自己的义气，往往最容易损害了事情，人如果遇事都要使用自己的心眼，往往最容易伤害了道理，君子凡是遇到事情的时候，就一定会是心平气和的。

解读

义气用事，于事无补。人一旦义气，就可能主观偏激，不能正确地看问题。尤其是大事临头的时候，如果仅凭自己一时的冲动或者自己的义气之勇，就很有可能把事情办砸。故遇到事情，一定要认真地对待，分析来龙去脉，把握是非曲直，然后再加以判断处理，千万莫要急躁。

有的人在处理事情的时候，容易动用一些心机，就是小心眼儿比较多。本来很简单的一件事情，在他们的操控下，就变得天下不得安宁，他们也便从中坐收渔人之利。这或许会给你带来一点好处；但对放眼整个事业或天下的人来说，却是不利的，因为伤害了道理，最终是无法得到别人的认可的。

天下人生存在世间的最大心愿，无非就是能够安居乐业，得到和平清泰，这样才能享受到人生的美妙和开心。所以大到国家，小到个人，遇到事情，一定要像君子一样平心易气，顺其自然地加以处理。

案例

孔子身临大难平心静气

有智谋的人，越是遇到大事，越是从容不迫。自古以来，就有很多这样的先贤，令我们油然而生敬佩之心。

春秋时，孔子周游列国经过匡地，由于他的相貌长得与当年侵犯过这里的阳虎相似，加上他的学生颜回讲述当年随着阳虎来这里的情形，激怒了匡地的人，于是孔子一行便被匡人重重包围，不得脱身。

孔子的另一个学生子路，起初被冲散了。他担心老夫子受不起惊吓，急忙冲入重围。不料孔子竟谈笑风生，而且还弹着琴，怡然自得。子路问："老师，被这么多人包围，你怎么还有这样的兴致啊？"

孔子答道："我跟你说，在水中来去，不怕蛟龙的，是渔夫之勇；在野外来去，不怕虎豹的，是猎人之勇；面对着雪亮的刀枪，不怕死活向前冲的，是战士之勇；掌握自己命运，认清当前局势，临大难而不恐惧，是圣人之勇也！"

孔子毕竟是孔子，在为他喝彩的同时，我们更应该思考，孔老夫子何以做到临危不惧？如果不是勇敢到一定程度、如果不是睿智到一定程度、如果不是修炼到一定境界，他老人家怎能如此泰然自若？这些，大概都是我们这些后人所应该思考和学习的。

原文

君子与人共事，当公人己而不私。苟事之成，不必功之出自我也；不幸而败，不必咎之归诸人也。(《呻吟语》)

译文

君子与人共事的时候，会公开他人和自己的利益而不会谋取私利。如果事情成功了，自然也不会把功劳归为自己一个人，如果不幸事情失败了，也不会把过错归咎到其他人身上。

解读

君子与小人在人生观和世界观上的不同，从他们待人接物上就能看出来。君子在与人共事的时候，只是想把事情做好，而从不会考虑自己的私欲，所以会公开一切事务；而有些小人在为人处世的过程中，却处处为自己的利益考虑，以权谋私，所以不愿意公开利益的分配，更不愿意让大家知道其中的内幕，结果只会遭到别人的怨恨。

真正的君子和做大事的人，他的目的和任务就是要带领大家把事业完成，所以就无从谈什么私心和杂念。如果事情办成了，也是大家共同努力的结果，自己也绝不会去邀功；即使没有办成，也坚决不会把责任推脱到别人身上。

在名利面前懂得谦让，在责任面前懂得担当，从眼前来看似乎是个损失，但从长远的利益来讲，却赢得了大家的拥护和信赖，对自己的长远发展大有裨益。

案例

冯异贵人贱己得名“大树将军”

“先天下之忧而忧，后天下之乐而乐”道出了中国古代有责任心的从政者忧国忧民的心声，而劳苦功高之人在名利面前不骄不躁、谦恭礼让，则诠释着他们对功名、对同仁的态度。

冯异是汉光武帝刘秀的一员大将，他为人非常谦让，从不居功自傲。

在路上遇到其他将领，冯异总是驱车让开。将领们喜欢夸耀自己的战功，而冯异总是一人到大树下，默不作声，因此被称为“大树将军”。很多军士都愿意到冯异麾下，希望追随“大树将军”，冯异也越来越受重视。

冯异被派征讨赤眉军和延岑。冯异率军西行，所到之处，施恩于民，取信于民，受到百姓称赞。弘农地区原有十几个自立为将军的将领也都率众归降。

隗嚣叛乱，刘秀先后派了几个将领镇压，久攻不下，冯异受命于危难之际，迅速平定了叛乱的武装。在皇帝面前，冯异却一点也没有宣扬自己的功劳。就这样，冯异在军中上下名声越来越高，官至征西大军，被封为阳夏侯。

“桃李不言，下自成蹊。”冯异贵人贱己、谦逊有礼，赢得上下一片赞扬。这种对人对己的态度同样适用于我们今天。高调做事，低调做人，不但会让自己在名利面前保持清醒的头脑，而且也会让人格在谦恭礼让中更为完善。

原文

性分不可使亏欠，故其取数也常多，曰穷理，曰尽性，曰达天，曰入神，曰致广大、极高明。情欲不可使赢馀，故其取数也常少，曰谨言，曰慎行，曰约己，曰清心，曰节饮食、寡嗜欲。(《呻吟语》)

译文

人的天性本分，是不可以亏损欠缺的，所以它的可取之法也常常比较多，如有穷究真理，有尽知本性，有通达天道，有出神入化，要做到广大圆满，要有极高的聪慧。人的情绪欲望，是不可以有多余过剩的，所以它的可取之法也常常比较少。比如说，要谨防言语，要慎重行为，要约束自己，要清静心地，要节制饮食，要减少嗜好和欲望。

解读

人的天性与大自然是相通的，人来自大自然，其根本也在大自然之中。人要与根本相沟通，就必须使自己的心胸与大自然相融合。如果能够认识到宇宙自然运行的规律，使自己的行为处世莫测高深、出神入化，并且心胸广阔，无所不包纳，那么万物与人体就能达到统一，则自己便是宇宙，宇宙便是自我。

情绪欲望是就人类的肉体而言的。人为了生存，就不得不去解决衣食住行的问题。但是，当你需要生存的时候，别人也一定要生存；所以，你所需要的东西，别人也一定会需要。如果你想得到比别人更多的东西，肯定就会与人发生争执，产生烦恼。

其实，一个人生活在这个世界上，如果只着眼于自我情欲的满足，那么他就总是为外物所累，即使得到一时的满足，快乐也不会长久，因为内心的欲望会越来越多，越来越难以达到。所以，人应该适当节制自己的情欲，保持自己的天性和本分。

案例

孔子对乐天知命的先后理解

尽性知命，相信这是许多历尽艰辛仍不能达到目标的人感触颇深的字眼，所以，“尽人事，听天命”成为很多人做事的原则，即便是孔子，也曾有过这样的经历，进而影响了他对“乐天知命”这个成语的理解。

有一天，子贡发现老师面带忧色。子贡没敢问，就把事情告诉了颜回。

颜回一听，感到很诧异，就到孔子门前，弹起琴来。孔子听到琴声，就出来问颜回：“你一个人怎么那么高兴？”

颜回见老师被自己吸引出来，很得意，反问道：“老师您一个人怎么那么不高兴呢？”

孔子还是执意要颜回先说。

颜回答道：“我以前听您说‘乐天知命故无忧’，现在就按照您说的，做到了乐天知命，烦恼自然没有了，怎么能不开心呢？”

孔子叹了口气，说：“我曾经这么说过吗？是你理解错了。那是我以前说的，今天我对这个词有了重新理解。你只知道乐天知命可以无忧，却不知道乐天知命其实更让人不爽。其实是这样的：修炼自我，任凭命运变幻，明白世事变化非我所能改变，就不会扰乱自己的思虑。这就是你所谓乐天知命而无忧的道理。然而，当年我著书立说，改革礼乐，原本是想治理天下，造福后人。谁料我的理论一推行，鲁国的君臣反而越来越乱，仁义礼智都抛到了脑后。我的理论在自己的国家都实现不了，更别说在天下推广了。现在我终于明白，世道混乱，诗书礼乐是没有用武之地的，而我尚且找不到可以推行的改革办法。这就是乐天知命者所担心的。我还是明白了一件事：我们所说的乐天知命，以为是通晓天命而乐于接受，其实并非古人所说的乐天知命。真正意义上的乐天知命其实是，没有什么可开心的，没有什么可知道的，没有什么可忧虑的，也没有什么需要做的。那些诗书礼乐，没有就没有了吧，有什么可改革的呢？”

颜回便把孔子的话告诉了子贡。子贡回家后，连续七天不吃不喝，静坐冥想。从此以后，弦歌诵读，直到终老。

圣贤如孔老夫子，对于自己的思想不能推广而困扰，那么平凡如我们，对于那些人生中的目标，尽力了，努力了，拼搏了，结果如何，就任凭天命吧，要尽性，更要知命，才能在人才济济的今天，在竞争激烈的今天，让自己淡定从容。

原文

一则见性，两则生情。人未有偶而能静者，物未有偶而无声者。（《呻吟语》）

译文

一个人独处的时候就会见到真正的本性，而有两个人时就会生出情感来。人在没有配偶或对手的时候能安静下来，万事万物在没有对立或配偶的时候，一定也不会发出声音。

解读

当人们独自一人的时候，心神就比较安静，自然本性分明，而如果有了另外一个人，不论他是敌还是友，都有可能因此生出各种各样的情感。人因为有了情感也就有了喜怒哀乐，就不可能平心静气地去思考和有所作为。

世界上的事情都是处在相互对立的矛盾之中，相互转化，相辅相成。佛教讲究明心见性，就是要人摆脱一切对立和束缚而进入那个没有对待的境界。没有了善恶的分别，没有了人我的差异，没有了得失的关怀，也就没有了苦乐的感受。这个时候，他也就见到了自己的本来面目，那就是宇宙万物，就是天地六合。一切的一切都是自己，当然也就不会去争执斗杀了，自然也就没有了烦恼。

但是，自然界的规律都是此起彼伏，彼生此死的。绝对没有永恒不变的事物，所以有名声也就会有名声失去的那个时候，也就有了痛苦。想要摆脱痛苦，就是不要有情，而要进入到那个真正的天人合一的境界！

案例

万斯同闭门苦读终有所成

诚然，嘉宾满堂，畅所欲言，是人生中的乐事。但是，人更多的时候，是应该一个人独处的，闭门谢客，才能让自己的内心安静下来；清心寡欲，才能让自己的学识有所进步。

万斯同是明末清初之际时任南明鲁王户部主事之职的宁波学者万泰的幼子，在浙东史学派中享有重要地位。

然而，和很多孩子一样，万斯同小的时候也很顽皮，不喜欢读书。一次，由于贪玩，他曾经在宾客们面前丢了面子，遭到了宾客们的批评。万斯同一怒之下，掀翻了宾客们的桌子，因此被父亲关到了书房里。

起初，万斯同依旧很生气，后来，他安静下来，开始思考自己的过错，才发现在别人面前丢面子，是自己玩物丧志的结果。他随手拿起一本书，从中受到启发，从此静下心来，安心读书，立志学业上有所成就。

万斯同几年之间就读遍了家藏书籍，之后专攻二十一史，后又师从浙东著名史学家黄宗羲，博览天一阁藏书，学识锐进。

经过多年的勤学苦读，京中上至王公下至学子，无不尊称他“万先生”。他在京多次讲学，贯穿古今史实，评论中肯。万斯同最终成为一位通晓历史、遍览群书的著名史学者，万斯同还参与了《二十四史》之《明史》的编修工作。

“非淡泊无以明志，非宁静无以致远。”不追求名利，生活简单朴素，才能显示出自己的志趣；不追求热闹，心境安宁清静，才能达到远大目标。今天，我们如果想有所成就，这句话尤为受用。

原文

投佳果于便溺，濯而献之，食乎？曰：不食。不见而食之，病乎？曰：不病。隔山而指骂之，闻乎？曰：不闻。对面而指骂之，怒乎？曰：怒。曰：此见闻障也。夫能使面而食，闻而不怒，虽入黑海、蹈白刃可也。此炼心者之所当知也。(《呻吟语》)

译文

把好吃的果子扔到屎尿中，然后清洗一下给别人吃，有人会吃吗？回答是："不吃！"如果没有见到果子曾掉进屎尿里面，吃了会不会得病呢？回答是："不会得病！"隔着一座山去连指带骂一个人，那个人能听见吗？回答是："不会听见！"如果是到那个人的面前去指骂他，他会不会发怒呢？回答是："会发怒！"我们说，这就是看得见与看不见、听得到与听不到之间的不同。如果有人能够做到当面去吃那掉在屎尿中却又洗过的佳果，听见别人对面的指骂而不发怒，那么他即使进入那茫茫黑海，脚踩在发白光的利刃上也是可以做到的。这就是一个修炼心性的人所应当知道的。

解读

人们常说："眼不见，心不乱。"对于一些不好的事情或者别人的议论，如果我们没有亲眼看到或者亲耳听到，往往会不以为然。可一旦我们亲眼看到或亲耳听到，就很难保持原来的镇定自若。特别是当有人当面指责自己的缺点时，很少有人能平心静气地去思考，然后有选择地接受别人的指责。

事实上，如果我们在任何情况下，都能心平气和，稳若泰山，有一颗海纳百川的气量和胸怀，不为小事斤斤计较，不为工作闷闷不乐，不为生活伤心烦躁，不为个人极度悲观，不为环境随之改变。那么，天底下就没有做不成的事情，自己也会免受很多祸害。

案例

卢承庆官海沉浮宠辱不惊

自古以来，在功名利禄面前，人们往往患得患失，以致于失去底线，做出违法乱纪的事情，当然，也让自己本就沉重的内心不断增加负荷。

唐太宗时期，卢承庆曾经当过吏部的考功员外郎，为官清廉，做事认真，讲求实际。

一次，卢承庆考核一个监督运粮的官员。这个人在运粮食的过程中，由于翻船把不少粮食掉进了河里。卢承庆只给他定了一个中下，可是，这个运粮官一点也没生气着急，反而谈笑自若。卢承庆觉得这个人是认识到了自己的错误，这个人有认错表现，有责任心，就改了中中。但是，这个运粮官也没因此而高兴。卢承庆心想这个人“宠辱不惊”。他又调查到，那次船翻不是他管理不善造成的，而是因为突然遇到刮大风，把粮船给吹翻了。卢承庆就又改成了中上。这个运粮官还是没有因此而特别高兴。从此卢承庆对他印象很好，后来就注意提拔了他。

而卢承庆自己也是一个宠辱不惊的人。他由考工员外郎升至尚书左丞、兵部侍郎，由于得罪皇上，曾被贬简州司马。后来，又升任刑部尚书，对此，卢承庆都视若平常。

晚年病危，卢承庆嘱咐儿女们丧事一定要从简，坟头不要太高，碑文要按实际书写。

“宠辱不惊，看庭前花开花落；去留无意，望天上云卷云舒。”这种豁达惬意令人向往，而今天的我们要做到这些，恐怕是不容易的，这大概就需要回到我们民族的文化里面去寻找、去发现，用那些散发着光彩的思想，照亮我们不堪重负的内心吧。

原文

种豆，其苗必豆；种瓜，其苗必瓜。未有所存如是，而所发不如是者。心本人欲，而事欲天理；心本邪曲，而言欲正直，其将能乎？是以君子慎其所存。所存是种，种皆是；所存非种，种皆非。未有分毫爽者。（《呻吟语》）

译文

种下的是豆子，长出来的苗也一定是豆子；种下的是瓜，长出来的苗也一定是瓜。没有所种下的是这样，而长出来的却是那样的。自己的心里本来全是俗人的欲望，却希望做出来的事情能够符合自然的规律；心地本来就是邪恶扭曲的，却希望语言能够纯正而明直，这可能做得到吗？所以，君子特别谨慎自己心里所想的东西。所想的是这个种子，那种下来发出的都是这个苗；所想的不是这个种子，那种下来的发出的就都不是这个苗。这是没有一丝一毫差错的。

解读

俗话说“种瓜得瓜，种豆得豆”，说的是一种自然规律。栽什么树苗结什么果，撒什么种子开什么花，世间万物运行如此，不可用人力改变。同样，我们的心地善良，所结出的果做出的事也肯定是善良的；心地丑恶，那么结出的果做出的事也一定是罪恶的。

心灵纯正善良的君子因为知道这个道理，所以非常重视自己的心地的培养。只有在自己的心灵播种下了善良的种子，说出话来才会正直感人，做出的事才会合乎天理。从而成为一个完美的人，一个高尚的人。我们都应该这样修行自己的内心啊。

案例

宋就为楚营浇瓜修来梁楚和睦

自古以来，中华民族就有礼让他人、以德报怨、睦邻友好的传统。早在战国时期，就曾有过两国之间由即将燃起战火到友好往来的先例，而这件事只是因为一个人以德报怨的气量。

战国时期，梁国的大夫宋就是与楚国边境县的县令，两国都设有边亭，两国看守边亭的兵营都种瓜，但是各有各的方法。

梁国的士兵比较勤劳，经常浇灌瓜田，所以瓜长势很好；而楚国的士兵懒惰一些，很少浇灌瓜田，所以瓜长势不好，楚国的士兵还因此遭到了县令的批评。楚国士兵担心梁国士兵种的瓜长势越来越好，于是趁着夜晚偷偷去踩踏他们的瓜秧，所以梁国的瓜枯死了很多。

梁国士兵发现了这件事，于是请求县尉，也想偷偷报复，踩踏楚营的瓜秧。县尉向宋就请示，宋就说："仇怨是灾祸的根由。因为别人嫉妒你，你就去报复别人，这是偏激的做法！这样吧，每天夜里，我们都派人过去为楚国兵营浇灌瓜田，不要让他们知道。"

于是，梁国士兵就照办了。楚国士兵早晨去瓜田巡视，发现瓜田都已经浇灌过了，长势也一天比一天好起来了。就感到奇怪，于是就暗中观察，才知是梁国士兵干的。

楚国县令听说这件事很高兴，于是把这件事报告给楚王。楚王原本对梁国虎视眈眈，听了此事，深受触动，知道是自己国家的士兵做了错事，让梁国一方忍让，感到又惭愧又高兴。于是拿出丰厚的礼物，向梁国边亭的士兵表示歉意，并请求与梁王交往。

楚王时常称赞梁王讲究信用。梁楚两国关系融洽，是从宋就处理瓜田一事开始的。

以德报怨，让两国百姓免于战火之祸，宋就的决定不得不令人钦佩。而作为一个普通人，如果我们在处理事情的时候，在危急关头，也能够做到凡事从大局出发，化干戈为玉帛，那么自然就会打造出和谐人际关系、和谐社会。

原文

人心是个猖狂自大之物，陨身败家之贼，如何纵容得他？（《呻吟语》）

译文

人的内心是一个猖狂而且自大的东西，又是个陨身害命并且败坏家业的贼子，怎么能够纵容得他呢？

解读

人心与本心是不同的，本心来自人的自然天性，是宇宙天地相统一的。人心则是具有了人为的各种欲望的心理。我们常说的人心叵测，人心不足，人心险恶等，都是对人心的表述。

人如果内心欲望太多，精神就会慢慢散开不能集中，就会渐渐失去本心，变得骄傲自大，狂妄贪婪，总是认为自己无所不能，他们事事与人争斗，最终可能会因此而家破人亡或者功败垂成。

如果任由自己的心去寻求私欲而得到满足，这种态度是不可取的。只有通过不断的心灵修行，克制自己内心的各种欲念，不为功名权势所动，清心寡欲，为人处世不偏执不自私，才能够获得真正的本心，从而活得逍遥自在。

案例

裴氏勤俭节约成魏徵贤内助

勤俭节约是中华民族的传统美德，自古以来，上至功名显赫的高官贵胄，下至平民百姓，都不乏喜欢节俭生活的人。魏徵是唐代杰出的政治家，以善于进谏名扬古今。他的夫人裴氏也是历史上出名的贤内助。

虽然身为宰相之妻，裴氏婚后生活依旧勤俭节约，住的是旧屋，以纺纱织布度日，却毫无怨言。唐太宗听说魏徵家的房子又窄又旧，便派人去为他修缮。魏夫人说："他住惯了老房子，住不惯华丽大厦，请皇上原谅，不要给他修缮了。"由于魏夫人的再三辞谢，工匠们只得翻新了几间旧房子，便回去了。

贞观十七（643 年）年，魏徵病重，唐太宗派医生为他治疗。医生到魏家，简直不相信，堂堂当朝宰相盖的被子又破又旧，根本无法御寒。医生回来如实向皇上禀告，太宗立即派人给魏徵送去了丝棉被。魏夫人说："他也用惯了布被布褥，没有必要添加丝棉被，也请皇上见谅。"

就这样，魏夫人常年辅佐丈夫料理家事，一直勤勤恳恳，相互体贴，而没有后悔嫁给这样一个清贫的丈夫。

魏徵于 64 岁那年去世了。唐太宗听到噩耗后非常伤心，下令举行隆重的葬礼。魏夫人说："魏徵一生俭朴，葬礼排场太大，与他平生志愿有违。"唐太宗无奈，只得为魏徵举行了简单的葬礼。

之后，魏徵夫人裴氏也没有去住皇上给盖的新房子，依旧与儿子住在原先翻修过的老房子里，过着清贫、淡泊而宁静的生活。

古人有云："家有黄金万两，食不过一日三餐；家有广厦千间，卧不过一榻之地。"一日三餐，一张床铺，一食一卧便是生活，黄金万两与广厦千间，不过是形式上的数目而已。

原文

心要实，又要虚。无物之谓虚，无妄之谓实。唯虚故实，唯实故虚；心要小，又要大。大其心能体天下之物，小其心不偾天下之事。(《呻吟语》)

译文

内心要充实，却又要清虚。心中没有什么东西的时候就叫作虚，没有什么妄想的时候就叫作实。只有心虚了才能充实，只有内心充实了才会清虚。内心要小心谨慎，却又要大度。大度的心胸能够包容天底下的万事万物；内心小心谨慎就不会败坏得了天下的万事。

解读

人的内心要充实，因为不充实就会有不切实际的想法，内心只停留在一些外在的虚名的获取上。比如说，名利、金钱、富贵，这些本来都不是永存的。可我们硬要把它们作为我们永恒的目标和人生的追求。这样一来，如果得不到这些东西或者失去它们的时候，我们的心灵就会非常痛苦。只有心境空灵清虚，心外无物，不执着于某些华而不实的东西，我们的内心才能够真正充实起来。学所要学的知识，做所该做的事。

心中没有了妄想，也就是得到了宇宙的真相，真相无所不在，包容了整个宇宙，所以是真实的。正因为真实，所以才会空虚，因为我们再也不会去执着于任何一种华而不实的东西，或者是转瞬易逝的东西。

心胸如果不大，便只能局限在很小的范围，那么我们所看到或者听到的东西就比较有限，做出的判断或者认识也会有一定的局限性，自然体会不到宇宙万物的本来天性了。所以，只要能够扩大我们自己的心胸，以至于把整个宇宙都包纳在我们自己的心中，那么万物都是我们心中的一分子，还有什么东西体会不到呢?

案例

舜因德言善行被举荐

认真做事，简单做人，是很多人的人生信条。的确，千里之行始于足下，只有走好脚下的每一步，才能走得更远；严于律己宽以待人，只有让自己的心胸不断开阔，才能容下更多的是非恩怨，让自己变得更好。早在上古时代，先人们就已经给我们树立了很好的榜样。

一次，尧让四方部落首领推荐部落联盟首领。大家一致推荐舜，认为舜是个德行好的人。舜的父亲瞽叟是个糊涂透顶的人。舜的生母早死了，继母很坏。继母生的弟弟名叫象，傲慢无礼。舜待他的父母、弟弟却很好。

尧听说后决定先考察一下舜，就把自己的两个女儿娥皇、女英嫁给他，还替舜筑了粮仓，分给他很多牛羊。舜的继母、弟弟便和瞽叟想霸占他的财产，就设法暗害舜。

瞽叟让舜修补仓房的房顶，却在下面纵火焚烧仓房。舜靠两只斗笠做翅膀，从房上跳下，幸免于难。后来瞽叟又让舜挖井，等井挖深了，瞽叟和象却把井堵上，想把舜活埋在里面。舜事先有所警觉，在井壁旁边挖了一条通道，逃了出来。瞽叟和象以为阴谋得逞，象住进了舜的房子，弹奏舜的琴，舜去见他，象大吃一惊，象很不好意思，舜装作若无其事。舜一如既往，孝顺父母，友于兄弟；而且比以前更加诚恳谨慎。

尧认为舜的确是个品德好又能干的人，就把首领的位子让给了舜。这种让位，历史上称作禅让。舜继位后，还是又勤劳又俭朴，跟老百姓一样劳动，受到大家的信任。尧去世后，舜想把部落联盟首领的位子让给尧的儿子丹朱，但是大家都不赞成。舜才正式当上了首领。

舜以自己的孝悌宽厚之心、脚踏实地之行，赢得了家庭的和睦，赢得了别人的尊重，也赢得了首领之位。有这样的明君治理，国家怎么能不兴旺呢？尧舜留给我们的，不仅仅有禅让，更有在追求和面对功名利禄时的平常心态。

原文

降魔者先降自心，心伏则群魔退听；驭横者先驭此气，气平则外横不侵。（《菜根谭》）

译文

想要制服邪魔，首先必须制服自己内心的邪念，自己内心的邪念平息了，其他邪魔也自然不起作用而退却了。想要控制不合理的横逆事件，必须先控制自己容易浮动的情绪，自己的情绪控制住以后自然不会心浮气躁，到那时所有外来的强横事物就都不能侵入。

解读

对于个人的修养来讲，外在的邪恶容易看到和克服，而自己内心的邪念却难以看到，这也会成为自己修养中无形的障碍。

所谓“破山中之贼易，破心中之贼难”，人最大的敌人其实还是自己，想要踏上进德修业的坦途，就必须先制服内心的邪念；想要自己的心绪不为外界所侵，就必须先克服内心狂躁的情绪。

心是人一切行为的主宰，做人必须在自我上下功夫。因为外力毕竟要通过人的内心才能左右自己，假如自己陷于迷惑，就容易受到外来邪念的干扰。古人讲修养，就是要改造内心世界，强调只有内心静如止水，就可收到“百邪不入，寒暑不侵”的效果。这在今天也是有积极意义的，只有我们自我完善了，心性修养到了一定的境界，我们的精神境界才能得以升华。

案例

孙坚临危不乱退盗击敌

我国古代作战讲究兵不厌诈，所以就出现了很多出奇制胜的战役。而不战而屈人之兵正是其中颇为精彩的话题。

东汉末年，朝廷腐败，天下大乱。群雄之一、孙武后裔、三国时吴国的奠基人孙坚是一位著名的将领，善于谋略，虚虚实实，兵变无常。

孙坚十七岁时，随父亲乘客船前往钱塘。到钱塘江口，不想遭遇海盗上船抢劫，洗劫一空后，又到岸分赃。商旅行人，见此情此景，都吓得止步不前，过往船只，也不敢向前行驶。孙坚见了，对父亲说："我可以击退这些盗贼，让我去吧。"他父亲说："你不是他们的对手。"孙坚胸有成竹地回答："放心吧，我自有妙计。"说着，就提起一把刀上了岸，他站在一座高高的礁石上，扬起手臂，指东画西，做出一副指挥人马、部署兵力的样子。海盗们远远望见他神气活现的身影，以为是官兵大队人马来追捕了，慌忙丢下财物，四散逃命。孙坚乘机追赶，挥刀砍死一个海盗，他父亲非常惊讶，孙坚从此声名大振。

东汉献帝元年，孙坚任豫州刺史，屯兵鲁阳，准备出兵攻打董卓。一天，孙坚在城外拉起帐幕，为前往送粮的部将饯行。当时，官员聚会在台上，士兵列队在台下。突然，董卓数万步骑兵奔到城前，准备向孙坚发起进攻，情况十分危急。可孙坚谈笑自若，继续与将领们饮酒作乐，并严令部下不得妄动，后来见董卓人马越来越多，才慢慢起身，指挥部队秩序井然地撤入城中。董卓官兵见孙坚一方队伍齐整，若无其事，认为必有大军埋伏，不敢贸然攻城，于是引兵撤退。孙坚以其智勇，谈笑之间，退却数万敌兵。

不愧为兵圣之后，孙坚的才能和良好心理素质着实令人佩服。危难之际，先战胜自己内心的恐惧，才能做到从容不迫，淡定自若，然后才能战胜困难。当今社会，想要应对现实中的种种压力，我们恐怕首先就要学会战胜自己，让自己冷静下来，才能保持头脑清醒，从而找出解决问题的最佳途径。

原文

人之际遇，有齐有不齐，而能使己独齐乎？己之情理，有顺与不顺，而能使人皆顺乎？以此相观对治，亦是一方便法门。（《菜根谭》）

译文

每个人的际遇各有不同，机运好的可施展抱负成就一番事业，机运坏的将可能一事无成，如何能要求机运的特别待遇呢？自己的情绪有好有坏，有稳定也有浮躁的时候，如何能要求别人事事都顺从你的意愿呢？如果能用这些方法来相互对照修正，也是领悟人生的一个最好修养途径。

解读

无论怎样的人生，都有顺和不顺，因为事事无常，我们无法预料。人的精神状态也各不相同，“人心不同，各如其面”，财富、地位、健康等都可以成为直接影响人情绪的因素。

所谓“人生不如意事常居八九”，一个人事业的成功与否，一半靠自己的主观努力，另一半则要靠客观的机遇。人不能在命运面前俯首称臣。对待生活，我们要看开一点，学会坦然处之。失去也许会让我们收获更多，悲伤只能让自己无为地消沉。这是生活的哲理，也是做人的学问。

作为一个修身自省的人来讲，不能因为个人的“顺与不顺”“齐与不齐”来要求别人，而是要从别人的情绪、机遇来反观自己，时刻反省自己，这样才会更加明白事理，提高自身的修养。

案例

张载历经艰难终成大家

自古以来，古人就已经总结了很多面对人生磨难时的心态，如“宝剑锋从磨砺出，梅花香自苦寒来。”“吃尽苦中苦，方为人上人”“艰难困苦，玉汝于成。”而理学创始人之一张载的人生恰恰体现了这个道理。

张载是北宋哲学家，关学创始人，封先贤，奉祀孔庙西庑第38位，郿县（今陕西眉县）横渠人。张载在他的著作《西铭》中说：“贫穷卑贱和令人忧伤的客观条件，其实可以磨炼人的意志，用来帮助你达到成功。”这句话成为很多名人发奋努力的座右铭。后来演变为“艰难困苦，玉汝于成”。意思是要成大器，必须经过艰难困苦的磨炼。而这句话，也是他人生经历的写照。

张载从小天资聪颖，年轻时喜欢研究兵法，曾向范仲淹上书《边议九条》，陈述自己的见解和意见，希望能够组建队伍，收复被西夏侵占的国土。范仲淹很欣赏他的才学，建议他说：“读书人专心读书就是事业，何必非要研究军事呢？”张载于是专心致志做学问，后来中了进士，先后当过几任地方官，因为他敢于直言，触犯王安石，49岁就辞官回家，在家读书治学。

横渠地处偏僻，张载虽有一些田地，但收入只够维持生计，还必须省吃俭用，但他怡然自得。他闭门苦读，时常因为思考问题而忘记吃饭和休息。深夜，妻儿早已酣然入睡，他躺在床上还在继续思考。如果有所得，便披衣下床，欣然提笔。就这样，他在研究学问上取得了很大成就。

这样，许多青年纷纷前来从师求学，有些学生家境贫寒，没有学费，他反而补贴他们茶饭，和他们同甘共苦。在不懈的努力下，张载贯通佛道儒三家，创立了“关学”，成为一代理学宗师。

“顺利的人生都一样，不顺利的人生各有各的不顺。”花样世界，百态人生，灾难也好，困难也罢，都是一种经历，这不重要，重要的是，在经历了之后，我们该如何面对自己的人生，自身还有哪些不足，这样，才能让自己的人格不断得以完善。

原文

只大公了，便是包涵天下气象。(《呻吟语》)

译文

只要能够做到一心为公毫无私心了，那就是能包容海涵宇宙万物的气度和样貌。

解读

很多人的一生都是在不停地争夺和占有。他们总是觉得自己财富还不够多，地位还不够显赫，为了争得这些荣华富贵，他们可以钩心斗角，尔虞我诈，不惜一切。等到垂垂暮年，回首来看自己追求一些外在的东西忙碌劳累了一生，心灵却不会得到一天的闲适，到最后盖棺之时，什么也带不走，而自然界和人世间一些真正的东西却被自己丢掉了。

人们追求外在的一些东西，都是因为私心在作怪，想要独自占有这些东西，追求一种物质的享受。但这些东西却都不是永恒的，今天你把握住了，明天或许就到了别人手里，你无法把它们永远地握在手里，在不断的得与失之间，你会痛苦万分。

其实春花秋月，青山绿水这些美好的东西，在它们那里没有任何心机，不用任何矫揉造作，只要抛却你的私心，不再贪婪于任何有形有限的流动事物，那么你的心胸就可以与它们同体，你就能包容万物，有了涵容天下万物的心，也就有了真正大公无私的精神。

案例

大禹为治水三过家门而不入

古人说，至公无私，一心为了大家，就顾不上自己的小家，顾不上个人的得失。历史上这样的事情有很多，大禹当时为了治理水患，曾经三过家门而不入。

传说禹在新婚后第四天，就接到了舜帝治理洪水的命令。大禹对妻子涂山娇说如果生了孩子，就取名“启”。

大禹第一次经过家门是在出门后的第十个月，涂山娇正在生孩子。禹听到妻子的叫喊声和孩子的啼哭声，同行的人劝他回家住几天，禹边走边说：“现在灾情严重，治水要紧！”还有人说：“你还没有见过自己的孩子，回家看一眼吧。”禹说：“我现在重任在肩，可不能因家事而误了国事呀！”说完，就大踏步地向前走去。

第二次经过家门，禹看见抱在妻子怀里的儿子已经会说话了，妻子正在教儿子喊爸爸，启也很乖巧地边笑边喊爸爸。大禹看到这一幕，不禁热泪盈眶，但治水工程正是紧张的时候，他擦了擦脸上的泪花转身就要离开。这时，涂山娇看见了大禹，赶忙出来，看到大禹一脸疲惫，妻子劝他回家歇歇。大禹抱了抱儿子，就转身走了，还是没有回家。

第三次经过家门，启已十多岁了，奶奶告诉他爸爸就在家门口，启使劲把他往家里拉。大禹抚摸着儿子的头说治水工作繁忙，他一时还回不了家。不过他们凿山开渠，疏通壅塞，把洪水基本上引进了大江大河，只等开挖渠道把洪水归入大海了。自己很快就会回来和他们团聚。说完就匆忙离开，还是没进家门。

大禹治水十三年中三过家门而不入的故事至今仍为世人传颂，他这种公而忘私的精神，值得后人敬仰。在公面前，私从来都是微不足道的；在国家和人民面前，个人利益也是不足挂齿的。

欣戚卷

第四

原文

有一乐境界，就有一不乐的相对待；有一好光景，就有一不好的相乘除。只是寻常家饭，素位风光，才是个安乐的窝巢。(《菜根谭》)

译文

有一个快乐的境界，就有一个不快乐的事物与之相对应；有一个美好的光景，就有一个不好的风光来与之抵消。只有那些普通的家常便饭，寻常的自然景色，才是真正安乐的归宿。

解读

世间原无绝对，安乐只是寻常。快乐与不快乐、美好与不好，都是相比较的结果。它们既互相对立，又能相互转化，俗话说“乐极生悲，否极泰来”就是这个道理，所以看事物时如果能用这种辩证的方法，就不容易走极端。要明了苦与乐，利与害，高与下都只是暂时的，不会一成不变的。不要太看重所谓的快乐与美好，只要保持自己的本真，追求平平安安和安分守己，快乐和美好其实就已经得到了。

但是，要真正地安心将家常便饭、自然景色作为安乐的归宿，还是不容易做到的。这就要求人应该把一切都看得淡一些，顺其自然，不要过于强求，在得与失、成与败面前能够淡然处之，这样就能少却许多的烦恼和忧愁，真正体会到生活的充实和洒脱，做一个平凡却又品德高尚无私欲扰乱心性的人。

案例

塞翁独具慧眼论失马

人们总是喜欢好事连连，喜欢坏事能够远离，可是很少有人能够在得失之间理性应对，殊不知，福祸从来都是相依而行的。

战国时期有一位名叫塞翁的老人，他养了许多马，一天，忽然有一匹马走失了。邻居们都来安慰塞翁不必太着急，年龄大了，多注意身体。塞翁笑笑说："丢了一匹马损失不大，没准还会带来福气。"

邻居们听了塞翁的话，心里觉得好笑。可是过了没几天，丢失的那匹马不仅回来了，还带回一匹骏马。

邻居们非常佩服塞翁的预见，纷纷向塞翁道贺说："还是您老有远见，马不仅没有丢，还带回一匹好马，真是福气呀。"

塞翁不仅没有一点高兴的样子，还忧虑地说："白白得了一匹好马，不一定是什么福气，也许会惹出什么麻烦来。"

邻居们非常不理解，以为他这纯属老年人的狡猾。

塞翁有个独生子，非常喜欢骑马。他发现带回来的那匹马身长蹄大，嘶鸣嘹亮，十分喜欢。每天都骑这匹马出游，扬扬得意。

一天，他正高兴得打马飞奔，一不小心从马背上跌了下来，还摔断了腿。邻居们听说，纷纷来慰问。

塞翁却说："没什么，腿摔断了却保住性命，或许是福气呢。"邻居们觉得他又在胡言乱语。他们实在想不出，摔断腿会带来什么福气。

不久，匈奴军队大举入侵，青年人都被应征入伍，塞翁的儿子因为摔断了腿，没有去当兵。后来，入伍的青年都战死了，塞翁的儿子却保全了性命。

祸兮，福之所倚；福兮，祸之所伏。好事连连自然是高兴，但是，一件事情在带来利的同时，也可能会带来弊。福祸无常，对于我们来说，重要的是，如何在福祸中保持塞翁的这种睿智，用前瞻性的眼光，在得失间把握好自己的心理。这样，才能在生活中做到淡定从容。

原文

殃咎之来，未有不始于快心者。故君子得意而忧，逢喜而惧。(《呻吟语》)

译文

祸患责难的到来，没有不是开始于开心快乐的时候的。所以，品行高尚的人在得意的时候会感到忧虑，逢到喜悦的时候也会感到恐惧害怕。

解读

“祸兮福之所倚，福兮祸之所伏。”世界上的任何事情都是对立而又辩证统一的。当我们得意的时候往往会忘记再接再厉加以保持的道理，一时懈怠，就会出现疏漏，容易被人乘虚而入，灾祸便会降临。当我们失意的时候也不能太过悲观，正因为处境不顺利了，才要更加小心谨慎，发奋努力，说不定反而会使事情发生转机。

那些真正的君子在得意的时候，会想着那些失意的人的痛苦或者他们的怀恨在心，想着他们有可能正等待着机会反扑过来；遇到喜悦的时候，也会想着那些小人可能正处心积虑地想要围攻自己。所以，即使是在喜悦快乐的时候，他们的心里也不会放松一丝警惕，他们会随时检点自己的行为，以不至于被人暗算或遭受祸害。

想要真正保有自己所得的利益，其实最好的方法还是遇事要懂得谦虚退让，凡事都不要心里高兴得太早了，要有后顾之忧。

案例

张良功成之后全身而退

自古以来，有志之士都希望可以建功立业，名垂青史。而在功名面前，又往往过于留恋，所以才有了居功自傲、功高震主的现象，但是，皇帝毕竟是皇帝，在他的心里，绝对不允许在自己的国家中，有人觊觎自己的权力和地位。一旦发现谁有非分之想，无论他曾经如何帮助自己得天下，都难逃一死。而在我国历史上，却有这样一个人物，在功成名就之后，全身而退。这就是被后世敬称为“谋圣”的张良。

张良，字子房，是秦末汉初杰出的谋士、大臣，与韩信、萧何并列为“汉初三杰”。张良的机智谋划、文韬武略受到汉初高祖刘邦的赏识，刘邦评价他：“夫运筹策帷帐之中，决胜于千里之外，吾不如子房。”

相传，张良年少时遇黄石公，得《太公兵法》，深明韬略，足智多谋。秦末农民战争中，带领众人归属刘邦，成为刘邦的主要“智囊”。灞上分封时“为汉王请汉中地”。曾劝刘邦在鸿门宴上卑辞言和，保存实力，并疏通项羽叔父项伯，使刘邦得以成功脱身。之后又协助汉高祖刘邦在楚汉战争中最终夺得天下，被封为留侯。

功成之后，张良全身而退，前往张师山寻其师黄石公，继续学习黄老之道，晚年据说跟随赤松子云游。张良去世后，谥为文成侯。

不愧是“谋圣”，在帮助刘邦谋得天下之后，也为自己谋得了善终。这与同为三杰之一的韩信形成鲜明对比，原因就在于，张良的“逢喜而惧”意识。张良能够在胜利之余保持清醒的头脑，分析平定天下之后自身要面临的潜在危机，为避免被害而主动退隐，远离世间恩怨，过起求仙问道的生活。千百年之后的我们，可能做不到如张良那般潇洒，但是我们至少可以做到在成功面前不骄不躁，谦虚谨慎，理性分析成功所带来的危机。

原文

毋忧拂意，毋喜快心，毋恃久安，毋惮初难。(《菜根谭》)

译文

不要为事情不如意而发愁，不要为称心的事情而兴奋，不要由于长久的安居而以此心安理得，不要由于一件事一开始有困难就畏缩不前。

解读

世间的万事万物总是变化无常的，这些变化发展是一种普遍现象，万事万物只有变化了才能有发展。

称心如意，安定闲适的生活当然是可喜悦、可羡慕的，但我们应该意识到事物总处于变化中，快乐和安稳都只是相对的，一时的。反过来，如果我们处于忧愁烦恼的境地，也不要过于做无谓的烦恼，因为失意正是得意的基础；也不要因为一时的幸福而得意，因为得意正是失意的根源。

在佛家看来，人生本没有得意与失意之分，这些只是人们观念上的感觉而已。就现实而言，世间的一切事物总处于千变万化之中，并且在一定条件下可以转化。在人生道路上，我们只有摈弃一切杂念，不断前进，不惧困难，不怕艰险，才能有所收获。

案例

商鞅立木取信令新法得以推广

俗话说，万事开头难。面对新事物的时候，人们往往选择谨慎对待，那么大家对新事物的认可就成为最为关键的一个环节。而如何才能让大家对新生事物产生信任，也是很多人所面对的难题。

战国时，秦孝公希望秦国能够尽快强大，商鞅建议秦孝公改变法令，秦孝公任商鞅为左庶长，主持变法。商鞅把改革的法令制定好之后，担心得不到百姓的信任，那么新法就难以执行。

为了取信于民，商鞅就命人在都城的南门竖了一根三丈高的木头，下命令说："谁能把这根木头扛到北门去，就赏给他十两金子。"

不一会儿，南门口围了一群人，指着木头议论纷纷。有的说："这根木头谁都拿得动，哪儿用得着十两赏金？"有的说："这大概是左庶长成心开玩笑吧。"

大家你瞧我，我瞧你，就是没有一个敢上去扛木头的。

商鞅知道老百姓还不相信他的命令，就把赏金提到五十两。没有想到赏金越高，看热闹的人越觉得不近情理，仍旧没人敢去扛。

正在大伙儿议论纷纷的时候，有一个年轻人跑出来，说："我来试试。"他说着，就真的把木头扛起来，一直扛到北门。

商鞅立刻派人传出话来，赏给扛木头的人五十两黄金。

这件事立即传了开去，立刻轰动了秦国。老百姓都认为商鞅是讲信用的人。

商鞅就把他制定的新法令公布出去，新法令赏罚分明，规定官职的大小和爵位的高低以打仗立功为标准；贵族没有军功的就没有爵位；多生产粮食和布帛的，免除官差；凡是为了做买卖和因为懒惰而贫穷的，连同妻子儿女都罚作官府的奴婢。

百姓都按照新法行事，从此以后，秦国逐渐成为强国。

商鞅立木取信于民，为新法的顺利实施打开了好局面。而对于今天的我们来说，无论是工作还是学习，做事情也不要轻言放弃，尤其是在事情开始的时候。唯有如此，才能迎接更多的挑战，也才能战胜这些挑战，让自己在一个又一个问题的解决中得以成长、成熟。

原文

居逆境中，周身皆针砭药石，砥节砺行而不觉；处顺境中，眼前尽兵刃戈矛，销膏靡骨而不知。(《菜根谭》)

译文

一个人如果生活在艰难困苦的逆境中，身边所接触到的全是犹如医疗自身不足的药石，在不知不觉中会使你敦品砺行，磨炼了自己的意志；一个人如果生活在无忧无虑的顺境中，这就等于在你的面前摆满了消磨你精神意志的刀枪，在不知不觉中使你身心受到腐蚀而走向失败。

解读

人的一生有起有落，看待人生的起落顺逆应该要用辩证的观点。当我们深处逆境的时候，固然是痛苦压抑的，但对一个有作为、能自省的人来说，他会把逆境中的各种磨砺当作是对自己意志的一种锻炼，从而修正自己的不足，一旦等到合适的时机，就能立刻变逆境为顺境。

人们都渴望自己的人生道路一帆风顺，但对于一个没有良好品德和远大追求的人来讲，优裕顺畅的环境往往更容易让他堕落腐败，因为对于他来讲，生活一优越，就容易游手好闲不肯奋斗，从而最终一事无成。

贫穷和富贵不是绝对不变的，顺境与逆境也是可以相互转化的。所以顺境不足以让我们高兴，逆境也不足以让我们烦恼。在逆境中要时刻自省，磨炼意志，在顺境中则要时刻警惕，持续学习。

案例

方仲永安于现状　神童变为普通人

人生路上，固然有一帆风顺，也难免有狂风暴雨，在顺境中，我们需把握机遇，勉励自己，努力上进，让自己在可能的情况下取得进步；在逆境中，我们需要以苦为乐，在困难和灾难面前磨砺自己的意志，视磨难如财富。这样，才能在收获的季节，有所成就。北宋时期，王安石曾经写过一篇关于神童方仲永变为普通人的文章，令人深思。

方仲永是金溪人，世代以耕田为业。他五岁时，不曾认识书写工具，有一天忽然哭着要笔要纸。父亲对此感到诧异，借来邻居的给他，他立即写出四句诗，并且题上自己的名字。这首诗以赡养父母、和同一宗族的人搞好关系为主题，传送给全乡的秀才观赏。从此给他指定物品他便能立刻作诗，诗的文采和道理都值得赞赏。

同县的人对此感到惊奇，渐渐请他父亲去做客，有的人还花钱求仲永题诗。父亲以此认为有利可图，每天拉着仲永四处拜访同县的人，不让他读书。

到了仲永十二三岁时，写出来的诗已经不能与从前的名声相称。又过了七年，听说他完全如同常人一样，写不出什么好诗了。

王安石认为，方仲永的通达聪慧，是通过先天得到的，他的天资比一般有才能的人高得多。最终成为普通人，是因为他后天的教育没有达到要求。由此王安石强调了后天努力的重要。

像方仲永一样天赋极高的人毕竟是少数，对于大多数人来说，只有不断努力，让自己每天都有所进步，日积月累，才能成为有所成就的人。“只要功夫深，铁杵磨成针。”天赋固然重要，努力更重要，只有严格要求自己，在成功面前不骄傲，在失败面前不气馁，才能不断进步，也才可能有所成就。

原文

万籁寂寥中，忽闻一鸟弄声，唤起许多幽趣；万卉摧剥后，忽持一枝擢秀，便触动无限生机。可见性天未常枯槁，机神最易触发。(《菜根谭》)

译文

当大自然的一切声音都归于寂静时，忽然听到一阵悦耳的鸟鸣声，会唤起许多深远的雅趣；深秋季节所有的花草都调谢枯黄后，忽然看见其中有一棵挺拔的花草屹立无恙，就会感到无限的生机。可见万物的本性并不会完全枯萎，因为它的生命活力随时都会乘机发动。

解读

大自然中几声鸟鸣，几枝花草都可以让人看到无限生机，从而勾起人无尽的遐思。生活亦是如此，人的一生不可能事事顺心，当我们遇到一些事情，原本以为自己已经走到死胡同的时候，如果有坚强的信念和无比的信心，往往又会“山穷水尽疑无路，柳暗花明又一村”，事情又有了转机。

当我们身处逆境的时候，千万不要怨天尤人，自暴自弃，要在绝境中去发现生机，只要你有坚强的意志和无比的信心，相信天无绝人之处，那你一定可以在衰中看到兴，在枯中看到荣，在困境中看到希望，最终收获成功。

案例

杨延昭锲而不舍退辽军

人们总是希望万事如意，生活中总是有些许的不如意，还可能面临生存危机，情急之下，是稳如泰山还是心慌意乱，往往就在一念之间。杨延昭是北宋时期一位很有名气的将领，抗辽名将杨继业之子。他镇守边关多年，威震边亭。他见微知著，善于利用一切有利因素取胜，在一次著名的战役遂城之战中智退辽军。

咸平二年（公元999年），辽国再次对宋国发动大规模进攻，宋军节节失利。当时杨延昭正守卫遂城（今河北徐水县东），九月初，辽军攻遂城。遂城被辽军所困，成了一座孤城。由于萧太后亲临城下，击鼓督战，辽军士气高涨，围城不走，遂城的局面顿成危势。城中守军不满三千，人心惶惶。

杨延昭则从容自若，他征召城中居民丁壮，轮流登城，披甲执械，日夜护守。一直坚持到了十月间，辽军还是没有离去的迹象，攻击不断。遂城粮草短缺，士气也变得低迷。

一天晚上，苦苦思索破敌之计的杨延昭夜不能寐，出外散步。他无意中仰观天象，突然发现，过几天会有寒潮，气温将要骤降。不由得如释重负，计上心头。第二天，杨延昭命令城中军民用水浇泼城墙，同时还给每个士兵都发了厚厚的棉衣。士兵们疑惑不解，因为天气还非常暖和，穿棉衣十分不适，但将令不能违，只好奉命行事。

傍晚，突然浓云翻滚，刮起大风，气温骤降。身着厚厚棉衣的宋军将士恍然大悟，对元帅佩服得五体投地。城外的辽军都穿着单衣，冻得发抖，辽军将领想让士兵在进攻中变得暖和起来，没等到天大亮，就对遂城发动了进攻。一夜之间，城墙上的水已经结冰了，城墙变得坚固光滑，辽军连攻城梯也架不稳，瞬间，辽军阵脚大乱，城上的宋军弩石齐发，辽军死伤累累。这时，杨延昭命令打开城门，宋军气势如虹，乘胜反击，辽军最终溃败而逃。

孟子有云，天时不如地利，地利不如人和。杨延昭正是依靠“人和”，借助“天时”，营造出“地利”，让危如累卵的遂城安然无恙，在岌岌可危的情势下大获全胜。大军压境之际，不放弃是一代名将固然要秉持的理念，但其中最为关键的一环，是他在绝望中找到希望，观天象而知严寒天气的到来，使战况出现转机。“水穷之处待云起，危崖旁侧觅坦途。”人生如果能达到这种境界，那么就能做到处变不惊了。

原文

贫家净扫地，贫女净梳头，景色虽不艳丽，气度自是风雅。士君子一当穷愁寥落，奈何辄自废驰哉！（《菜根谭》）

译文

贫穷的家庭要经常把地打扫得干干净净，贫寒人家的女子要经常把头梳得干干净净，摆设和穿着虽然算不上豪华艳丽，但是却能保持一种高雅脱俗的气度。因此，有才能的君子一旦际遇不佳而处于穷困潦倒的时候，为什么还要萎靡不振、自暴自弃呢？

解读

贫穷和富有只是一种物质状态，我们更需要注重的是保持我们精神上的富足。人的气质品性是不受外在物质状态制约的。一个生活在贫穷人家的人，假如能把屋里屋外都打扫得干干净净，也会使精神愉快，使气象清雅。一个贫困的女孩子，虽然穿的可能是粗布衣裳，但是如果干干净净，仪态大方，举止有度，那自然也能增加其高雅的气质，让人刮目相看。

无论我们生活怎样，都应保持精神上的充实。如果只是物质上的富有，精神上很贫乏，那他也很难有品位，有修养。如果精神上充实了，那我们在面对挫折和失败的时候，就有足够的修养去沉着应对，不会怨天尤人、垂头丧气、满腹牢骚了。

案例

马援穷且益坚受人追随

俗话说，人穷志短，人们往往在穷困潦倒之际放弃自己的理想，这是可以理解的；可是，还有一些人，在艰难困苦之时，也不忘自己的追求，这种执着尤为令人钦佩。后者也往往会在事业上有所成就。汉代名将马援便是这样的一个人。

马援是著名军事家，为刘秀统一天下立下汗马功劳。他幼年父母双亡，由其兄马况抚养成人。他从小胸怀大志，眼光高远，深为其兄器重。

王莽时期，马援在军队里当个小军官。一次上司派他率队押送一些犯人，在途中，马援看到犯人们哭得很伤心，不由动了恻隐之心，便把犯人们都放了。私放犯人是大罪，为了躲避朝廷的追捕，马援只得逃亡到北方的边境。

不久，朝廷大赦，马援也得以免罪。之后，他就在当地经营畜牧业和农业。他心胸宽广，乐于助人，为人忠厚而有远见，几年之间，有几百人来归附他。他常对身边的人们说：“做人不能因为贫穷潦倒而丧失志气，不能因为年纪老迈而颓唐，而应当在穷困时更加坚定，年老时更加壮烈。”

很快，马援有了几千头牛、羊和马匹，几万斛粮食，家产多得花不完用不尽，但他不为物累，仍旧和从前一样，过着简朴的生活。他曾感慨地对人说：财产之所以可贵，在于能够帮助人；要不然，做个守财奴有什么意思呢？”后来，怀着高远志向的马援果然把财产分给了他的本家和亲友，自己空身外出投军谋事，后归附了汉光武帝刘秀，成为东汉开国功臣。他老当益壮、马革裹尸的气概为后人崇敬。

穷且益坚，不坠青云之志。其实，从马援早年这段人生经历就不难推断，他后来的成就是一种必然，因为他有坚定的意志。我们不应该为了眼前利益而放弃自己远大的抱负，更不应该因为一时的无奈放弃自己做人的原则。做到人穷志不短，才有可能为自己以后的人生创造出真正的辉煌。

原文

力有所不能，圣人不以无可奈何者责人；心有所当尽，圣人不以无可奈何者自诿。(《呻吟语》)

译文

有能力也有做不到的事情，圣人是不可以用无可奈何的事情去责备他人的；心思有所应当用尽的地方，圣人是不可以用无可奈何的道理来推脱责任的。

解读

有的人对别人要求严格，但却对自己非常放松。或者要求别人必须按照良心道德去做，然而自己却游离于伦理道德的约束之外。这样做是不可能与大家处理好关系的。古语有云“谋事在人，成事在天”，只要人们拼尽全力去做一件事，就已经算是成功了，圣人是不会去苛求别人的，圣人要做的是“己所不欲，勿施于人”。对于有些事情，即使我们做不到，但我们也要努力去争取，至少在心里应该考虑周全，不给自己找任何理由以此来推脱责任，或者是根本就不去做。

对人不做超乎其能力之外的要求，对己则要求在能力能及的范围内尽心尽力，这是一种很务实的行事准则。人们都应该超越常情常理，严格要求自己，而宽松对待他人。严以律己，才能以身作则；宽松待人，才可以得到拥护。这本身也是一种智慧。

案例

楚庄王绝缨得人心

孔子说，君子不强人所难。在别人有过错的时候，不去过度地责备，让他难堪，不失为一种宽容，也不失为一种仁慈。早在春秋时期，身为五霸之一的楚庄王就已经深谙此道。

一次，楚庄王设宴款待群臣和众将领，席间，命令他所宠爱的美人劝酒。喝到傍晚，大家已经喝得醉醺醺的了，突然一阵狂风吹过，把灯烛吹灭了，大厅里一片漆黑。黑暗中不知谁用手拽住了美人的衣袖，美人急中生智，一把拉断那人系帽子的带子，那人才松手去保护自己的帽子。美人乘机脱身来到楚庄王身边，向他哭诉被人调戏的经过，并说那个人的帽带已被她拉断，只要点上灯烛，就可以查出此人是谁。

楚庄王安慰她说："酒醉失礼是难免的。再说我哪能为一个女人而污辱臣下呢！"于是就在黑暗中大喊："今天大家喝酒要尽兴，谁的冠缨不断，就是没喝足酒，再罚他三大碗！"

群臣众将为了讨好楚王，纷纷把自己的冠缨扯断，并喝得烂醉。等灯烛重新点燃时，大家的冠缨都断了，就是美人自己想查出调戏她的那个人，也无从下手了。

三年后，晋国与楚国交战。战场上有一位将军英勇善战，奋勇当先，五次交锋，五次都是第一个冲杀在前，第一个带头打败敌人，最后楚国大获全胜。楚庄王很奇怪，问他为什么如此拼命。那位将军回答说："末将该死，三年前的那次宴会上酒醉失礼，大王不但不治我的罪，还为我掩盖过失，我总想找个机会报答您。末将就是三年前那天晚上被美人扯断冠缨的人。"

楚庄王的宽容、智慧之举让醉酒将领心怀感恩，伺机报答，沙场之上奋勇当先，为战争胜利创造声势。如此良性循环，那么楚庄王成为一方霸主就不难理解了。同理，在我们今天的生活中，如果我们也能做到不为难别人，也能体谅他人，用宽容、智慧去化解可能的危机，那么自己的人际关系自然会和谐起来，自己的人生之路也自然会顺畅了。

明世卷

第五

原文

青天白日的节义，自暗室漏屋中培来；旋乾转坤的经纶，自临深履薄处缲出。(《菜根谭》)

译文

像青天白日一般光明磊落的节操和德行，是从暗室漏屋这样的预期环境中培养出来的；凡是可以扭转乾坤的雄才伟略，则是在经历了像身临深渊、脚踩薄冰那样的谨慎小心后磨炼出来的。

解读

有人在和大众相处时，为避免舆论的谴责，比较容易收敛自己的言行。而在别人看不到的地方，就容易心猿意马，恶念纷飞，甚至造作恶业。君子在这个时候能够敬畏天地鬼神的鉴察，把持住不敢起恶念，自然就不会造作恶业。古人修养节操，非常重视慎独，就算在隐秘无人、私居独处的地方，也不敢放纵自己的行为和思想，如此恭慎自守，才能培养出如同青天白日一样光明磊落的节操道义。

“不经一番寒彻骨，怎得梅花扑鼻香。”自古成大功立大业的人，都得经过艰苦恶劣环境的磨炼。而一个有远大志向的人仅仅接受磨难是不够的，因为受磨难和受得了磨难的人很多，却不是每个人都可以成为英雄。他们必须抱着“如临深渊，如履薄冰”一样的谨慎态度，一点一滴地累积起来，才能逐步走向成功。《朱子治家格言》也说：“屈志老成，急则可相依。”往往是在那些小细节中都非常谨慎的人，才能真正把重要的大事办好。

因此，胸怀要博大宽厚，光明磊落；在细节上点滴积累，将眼光放得长远；再加上坚强的意志和完善的人格，就可以为自己事业的成功奠定坚实的基础。

案例

许衡严于律己路不摘人梨

自古以来，严于律己都是很多志士仁人所秉持的做人原则，人们视律己为自我修身的重要内涵之一，无论人前还是人后，都以同样的标准要求自己，从不懈怠，在这种慎独、克己的传统美德熏染下，中华民族历史上出现了许多令人称赞的人物、故事。

许衡宋元之际生于新郑，当年蒙古军队到许衡的家乡，小许衡曾经跟很多人一起逃难，经过河阳（今河南省孟州市），由于路途过于遥远，天气炎热，大家口渴难耐，有人发现路边有一棵梨树，树上结满了梨子，大家都争先恐后地去摘梨，只有许衡一人，端端正正地坐在树下，好像什么都没有发生。

大家觉得很奇怪，便问许衡说："你怎么不去摘梨来吃呢？" 许衡回答说："那梨树不是我的，我怎么可以随便去摘来吃呢？" 那人说："现在时局这么乱，大家都在逃难，这棵梨树，恐怕早已没有主人了，你又何必介意主人是谁呢？" 许衡说；"梨树没有主人，难道我的心也没有主人吗？别人丢失的东西，即使一丝一毫，如果不合乎道义也不能接受。" 大家不由得汗颜。

从此以后，乡民都这样教导子弟，不要有贪取的心理，乡内的果树每当果实成熟，掉落在地上，乡里的小孩从旁边经过看也不看一眼。

平日凡遇丧葬婚嫁时，许衡一定遵照风俗礼仪办理，全乡人士，都受到感化，乡里求学的风气，逐渐盛大。许衡的德行传遍天下，元世祖闻知，要任用许衡为宰相，但是许衡不慕荣利，以病辞谢。

许衡去世后，四方人士都来聚集灵前痛哭，也有远从数千里外赶来拜祭痛哭在墓下的。皇上特赐谥号为"文正"。

孟子曾言，穷则独善其身，达则兼济天下。许衡以自己的言行，不仅做到了独善其身，还做到了兼济天下。品德如此，其人怎么会没有一番成就呢？许衡后来成为著名的理学家、政治家、教育家、天文历法学家。时至今日，大凡有所成就的人，在修身方面都有为人称颂的一面，而这些，也正是我们应该学习的。

原文

目不容一尘，齿不容一芥，非我固有也。如何灵台内许多荆榛，却自容得？（《呻吟语》）

译文

眼睛里边不能容许有一粒沙尘，牙齿中间不能容许有一片草芥，因为它们不是我自己本来所有的东西。那为什么我们自己的心灵里边还能容纳下那么多荆棘丛榛呢！

解读

眼睛里边进了一粒沙尘，我们都会不舒服，要赶紧把它揉出来；牙齿缝中藏了菜饭，我们就会觉得难受，一定要用牙签把它们剔除净尽而后快。因为对于我们每个人来说，外表、外物和外界都是很重要的，容不得一丝一毫的玷污。但是，我们的心灵又是否能够纯净无物呢？

我们的心灵本来也是空虚无物的，只可惜，我们有了凡心，什么事情都要有个我字当头，把我放在了第一位。没有我的好处，任何事情都不会去干。我们给心灵中塞满了爱情、欲望、名利、金钱、地位、富贵、荣华等。这些东西在我们胸中，就如身边的猛虎一样，我们随时都有被吞噬的危险。又像是那荆棘一样，打敌人的那一头有刺，我们手上握着的地方也照样有刺。刺敌人的时候，或者还没有刺到敌人，我们自己的手却已经被荆棘刺破了。带着这些东西上路，我们又怎么可能清静无为，又怎么可能应物随心而灵明自在呢？

灵台无物谓之清，因此心灵之中需要清静无为，才能够应物随心而灵明自在。

案例

刘理顺为人坦荡金榜高中

自古以来，人品都是衡量一个人最为重要的标准，并非每个人都要才高八斗，但是，不可以没有好的人品。在某种程度上讲，品德好是一个人在社会上安身立命的根本。

明朝时，有个叫刘理顺的书生，他家里贫困，为了挣到京城参加科举考试的路费，刘理顺在一个员外家中担任家庭教师。员外见刘理顺博学多才，教学有方，因此很器重他，特意选一名聪明伶俐的侍女照顾刘理顺的饮食起居。晚上二人住在一个房间，员外的用意是把这个侍女赠送与刘理顺为妻。

刘理顺白天教员外的儿子读书，晚上自修学习，经过三年苦读，学业大进，适逢考期，于是辞别员外，赴京考试。

临别时，刘理顺请员外替侍女选配一位好丈夫，员外甚为不解，以为刘理顺欲抛弃她，于是无奈地说："她已陪伴你三年了，感情深厚。若是此去金榜高中，将来她可作为妾侍。"

刘理顺微笑着说："东翁！您以为我是无情无义的小人吗？虽然同宿三年，却未曾有任何儿女私情。"

员外闻言其感诧异，特地请家中老妇向侍女查问，果然仍是处女。员外对刘理顺三年来见色不乱的高尚人格钦佩万分，称赞他是古今罕见的正人君子，便收刘理顺为义子，厚赠金银衣物，助他到京城赶考。

放榜之日，刘理顺高中状元。刘理顺才德兼备，后来成为明代著名的理学大师，受人敬重，名誉显贵。

古语有云"两耳不闻窗外事，一心只读圣贤书"，说的是古代读书人对于读书的专注程度，刘理顺之于屋内的侍女，大有柳下惠坐怀不乱之风，用心专一，不为外物所动，是读书有所成就的前提；同处一室，不为儿女私情所扰，是名士儒雅风度的修为。如此的专注度、如此的人品，刘理顺怎么能不会有一番成就呢？退一步讲，即便他不能金榜题名，仅仅他高洁的人格，也足以成为一代名士。时至今日，我们大概更应该向柳下惠、刘理顺这样的人学习，坦荡做事，磊落为人。

原文

峨冠大带之士，一旦睹轻蓑小笠飘飘然逸也，示必不动其咨嗟；长筵广席之豪，一旦遇疏帘净几悠悠焉静也，未必不增其绻恋。人奈何驱以火牛，诱以风马，而不思自适其性哉？（《菜根谭》）

译文

峨冠大带的达官贵人，一旦看到身穿蓑衣斗笠的平民飘飘然一派安逸的样子，难免会发出羡慕的感叹；生活奢侈居所富丽的豪门显贵，一旦置身于清新朴素、窗明几净、悠闲宁静的环境中，心中难免不会增添一种留恋不忍离去的情怀。高官厚禄与富贵荣华既然不足贵，世人为什么还要枉费心机放纵欲望追逐富贵呢？却不设法去过那种悠然自适，符合天性发展的生活呢？

解读

人一直生活在一个环境中，难免会厌倦身边所拥有的东西。如果能适时地改变一下自己所处的生活环境，不仅是对生活饮食的一种调剂，也有益于身心的健康。人生在世，如果能懂得自我调剂，就能时常保持一颗愉悦的心。

峨冠大带的达官贵人会羡慕平民的洒脱安逸，富有的豪门显贵会留恋悠闲宁静的环境。是因为这些东西与他们平常生活中经常接触的形成了反差和对比，凡是有反差和能形成对比的东西都能给人的生活增添些愉悦。然而，人的生活又往往不自觉地被分了阶层，峨冠大带与轻囊小笠，清雅与世俗总相对立，而实质还要看一个人的品德和自身修养，这也是二者能在一起的一个前提。有道德的真君子适其本性而生活，即使清贫，但他的高洁的人格和人品也会芬芳于陋室。

案例

纳兰容若与顾贞观因志趣相投铸就惊世友情

古人有云：物以类聚，人以群分。拥有共同志趣的人比较容易走到一起，同样，在人格上互相倾慕的人也更容易成为知己。这种建立在共同的品德基础上的友情具有强大的力量，能够冲破门第、贫富差距，将两个看似不相干的人紧密联系在一起，情同手足。历史上有很多这样的故事，纳兰性德与顾贞观，便是其中之一。

康熙十五年（1676年），顾贞观四十岁，容若二十二岁，容若为相国长子，顾贞观虽有才名，仍为一介寒儒，大学士纳兰明珠慕名顾贞观的才名，聘其为其子纳兰性德授课。纳兰性德亦为清初著名词人，一向扶困济贫古道热肠，对境遇坎坷的落迫才士一腔真诚平等结纳，与顾贞观更是志趣相投相见恨晚，慷慨挥洒写下传诵不衰的《金缕曲·赠梁汾》，词中率真地表露了对荣华利禄的冷眼蔑视、对黑暗现实的清醒认识和对高尚情操的执着追求，同时披肝沥胆地表达了对朋友生死不渝的真挚友情。

二人相互倾慕彼此的才华和品格，文学见解和创作上也十分契合，二人的“性情说”是清初词坛上的重要文学主张，他们二人作品风格也相似，一样纯真清新，容若的《饮水词》和顾贞观的《弹指词》被视为当时的词坛双璧，名扬海内外。

在腐朽的官场里容若更是不顾自身安危保护挚友，贞观的好友、诗人吴兆骞曾被清初冤案牵连流放塞外二十多年，容若得知此事后，毅然挺身而出，用他的智慧和真诚历尽艰难，营救吴兆骞回京。这不仅维护了正义，也为挚友贞观完成了极力想实现但无力实现的心愿，一时传为美谈。

有生之年，容若以生命的高尚和心地的纯洁印证了他与顾贞观的知音深情，而顾贞观也同样倾注全部真诚珍惜这份友情，成为容若生平第一知己，容若英年早逝，贞观撰写了篇感人肺腑的祭文，笔端吐露的是无尽的哀思，还有对容若价值的最深刻的理解。

人生难逢一知己，顾贞观与纳兰容若的友情堪称可遇不可求，共同的志趣、共同的人格追求是他们的友情得以形成的基础。所以，在现实生活中，无论高低贫富，只要不贪虚名、品行高洁，就是值得赞扬的。相信在以后的历史中，还会有纳兰性德与顾贞观这样的惊世友情出现。

原文

处治世宜方，处乱世宜圆，处叔季之世当方圆并用；待善人宜宽，待恶人宜严，待庸众之人当宽严互存。(《菜根谭》)

译文

生活在政治清明天下太平的时候，待人接物应严正刚直爱憎分明；生活在政治黑暗天下纷争的乱世，待人接物则应圆滑老练随机应变；而生活在国家行将衰亡的末世，待人接物就要刚直与圆滑并用。对待善良的君子要宽厚，对待邪恶的小人要严厉，对待一般平民大众要宽严并济。

解读

历来我国的文人都奉行“方圆处世，宽严待人”的标准。在太平盛世的时候，往往有明君贤相为政，能够采纳善言表彰善行，所实行的是大公无私的善政，所以一个人的言行即使刚直严正，也不会受到任何政治迫害。而如果是处于昏君奸臣当政的乱世，一个人的言行就必须尽量圆滑谨慎，否则就会给自己带来很多麻烦，甚至有可能招致杀身之祸。

从政如此，待人也一样。对待善良的君子不要太苛刻，要宽厚；而对待邪恶的小人，如果太宽厚了，他就会变本加厉，所以要严厉；对待一般人，不能太宽，太宽就会失去控制，也不能太严，太严就让人敬而远之，所以，要宽严并济。

所以一个人在待人处事上要因人因事而宜，到什么山唱什么歌，如果一成不变，不看周围大众的水平而自顾自地施展抱负，那么只能撞一鼻子灰而于事无补。如果想要有所成就，就必须善于把握时局的发展进程、主动随事物变化做出相应的对策。只有这样，才能跳出自己的小圈子，看到更广阔的世界。

案例

魏徵智慧进谏辅佐一代明君李世民

在我国历史上，有很多明君贤臣的故事，其中最为著名的，当属唐太宗李世民与宰相魏徵了。千百年来，他们之间的故事被传为佳话。

李世民有次出行，想吃河蟹，可进膳时没有这道菜。李世民认为是地方官怠慢自己，要重重治罪。魏徵知道后，便给他讲起故事。

魏徵说："皇上今天住在显仁宫，这显仁宫是从前一位皇帝下令修造的。这个皇帝无恶不作，骄奢淫逸。他修这宫殿时，征收了大江以南、五岭以北的奇材异石，全国各地的名贵花草、珍禽奇兽，有一百多万人被驱赶来做苦役，人死之后，就把尸体埋在这个宫殿四周。这里至今还冤魂不散啊！"

"你说的这是哪朝皇帝呀？怪吓人的。"李世民问。

"就是隋炀帝杨广啊！"魏徵说，"皇上难道这么快就忘了？皇上今天住在显仁宫里，可不能忘了前朝的教训！隋炀帝当年外出巡游，经过各州县时，五百里之内都必须贡奉最精美的水陆佳肴，吃不完就随便倒掉，可不许不贡。他们走到哪里，哪里就遭殃，百姓把他们比作蝗虫、瘟神，所以后来隋炀帝很快就灭亡了呀！难道皇上还要学他的样子，也把大唐江山丢掉不成？"

这时，李世民才明白魏徵的用意，他向魏徵承认了自己的错误，希望魏徵可以经常提醒自己。

从此，魏徵常常把古书上的事儿编成故事讲给李世民听。渐渐地，李世民养成了听古书的习惯。他把魏徵当成自己洗面清心的镜子，办事都和魏徵商量，对他也越来越信任。

一次，一位太监带来一只鹞子，李世民爱不释手，甚至有几天连朝政也不理。一天，李世民正在自己胳膊上赏玩鹞子，突然魏徵来了，他心里一慌，顺手把鹞子揣到怀里。魏徵装作没看见，给李世民讲起了故事。

李世民不想听故事，可又不好意思赶魏徵走。魏徵滔滔不绝地讲了很多故事，累得满头大汗。李世民听得入了迷，看魏徵说累了，将一把御扇递过去："给，你扇吧。"一会儿，又把一块绸手帕递过去："给，你擦吧。"一会儿，又让人沏了茶水端上："给，你喝吧。"直到魏徵说完故事走了，李世民才想起怀里的那只鹞子，可早就被憋死了。

后来魏徵病逝的时候，李世民十分悲痛。李世民说："人用铜镜照自己，可以看见衣帽是否穿戴得整齐；用历史作镜子，可以知道朝代兴亡的原因；用人作镜子，可以发觉自己的缺点或错误。魏徵一死，我失去了一面镜子。"

李世民遇到魏徵，是幸运的，因为后者懂得进谏的艺术；而魏徵遇到李世民，也是幸运的，因为后者从谏如流；最为幸运的，当属当时的百姓，因为他们遇到了这样的明君贤臣！我们在待人接物的过程中，如果都能如魏徵一样，把握好自己的度，方圆并用，利人利己，才不失为真正的智慧。

原文

藜口苋肠者，多冰清玉洁；衮衣玉食者，甘婢膝奴颜。盖志以澹泊明，而节从服甘丧也。(《菜根谭》)

译文

能吃得了粗茶淡饭的人，他们的操守多半也像冰玉般纯洁；而讲求生活奢侈的人，多半甘愿做出卑躬屈膝的奴才面孔。因为一个人的志向要在清心寡欲的状态下才能表现出来，而一个人的节操都从贪图物质享受中丧失怠尽。

解读

一个贪图物质享受的人，他的生活很容易陷于糜烂，精神生活变得空虚，也难有高尚的品德，因此他们的贪欲就没有满足的尽头，他们永远在追求更高一层的享受，不惜任何手段去获得，甚至奴颜婢膝，宁愿牺牲自己的自由和独立的人格。社会上那些贪脏枉法以权谋私腐化堕落的人，他们的犯罪动机大多就是为了满足自己的物质需求，追求骄奢淫逸的堕落生活，最终都身败名裂，自取灭亡。

“君子爱财取之有道”，人人都有追求更好物质生活的权利，从某种程度上讲，好的物质生活也是追求较高精神需求的基础，但只有通过我们的双手去获得的才是光荣的。而且，只讲物欲要求的生活是层次很低的生活，没有充实的精神生活，也谈不上有高尚的节操和道德。

做人不能以贪图享受，满足物欲作为人生的最大需求；要有理想，有追求，甘于在平淡的生活中保持自己高尚的品德。

案例

苏武不忘使命仗汉节牧羊北海

孔子说，三军可夺帅也，匹夫不可夺志也。人的理想是最为重要的，坚持自己的梦想也是极为可敬的，特别是在艰难的条件下，坚持自己，不为外物所动，这样的人格本身就令人油然而生敬佩之情。苏武牧羊正是这样一个故事。

苏武是西汉的官员，当时中原地区的汉朝和北部少数民族政权匈奴的关系时好时坏。公元前100年，匈奴新单于即位，汉武帝派遣苏武率领一百多人，带了许多财物出使匈奴。不料，就在苏武完成了出使任务，准备返回自己的国家时，匈奴上层发生了内乱，苏武一行受牵连被扣留，并被要求背叛汉朝，臣服单于。

最初，单于派人游说苏武，许以高官厚禄，苏武严词拒绝。匈奴见劝说没有用，就用酷行。当时正值严冬，天上下着鹅毛大雪。单于命人把苏武关入一个露天的大地窖，断绝食品和水，希望这样可以改变苏武的信念。时间一天天过去，苏武在地窖里受尽了折磨。渴了，他就吃一把雪，饿了，就嚼身上穿的羊皮袄。几天之后，单于见濒临死亡的苏武仍然没有屈服的表示，只好把苏武放出来了。

单于见劝说苏武投降没有希望，越发敬重苏武的气节，不忍心杀苏武，又不想让他返回自己的国家，于是决定把苏武流放到西伯利亚的贝加尔湖一带，让他去牧羊。临行前，单于召见苏武说：“既然你不投降，那我就让你去放羊，什么时候公羊生了羊羔，我就让你回到中原去。”

在人迹罕至的贝加尔湖边，单凭个人的能力是无论如何也逃不掉的。唯一与苏武做伴的，是代表汉朝的旄节和一小群羊。苏武每天持旄节放羊，坚信总有一天能够拿着它回到自己的国家。这样日复一日，年复一年，旄节上的装饰都掉光了，苏武的头发和胡须也都变白了。

苏武在贝加尔湖牧羊十九年，当初下命令囚禁他的匈奴单于已经去逝了，汉武帝也死了，汉昭帝继位。新任单于实行与汉朝和好的政策，汉昭帝立即派使臣接苏武回国。

苏武回到长安受到热烈欢迎，上至臣子下至平民百姓，都向这位富有民族气节的英雄表达敬意。

两千多年以来，苏武的经历被广为传颂，他的高尚的民族气节也备受称赞。事实上，像苏武一样具有伟大民族气节的先贤不胜枚举，比如岳飞，比如文天祥，比如林则徐。我们在为这些先人感到骄傲、向他们致以敬意的同时，或许也该想想，平凡如你我，该怎样做到坚持自己的理想、自己的梦想。

原文

宠利毋居人前，德业毋落人后；受享毋逾分外，修为毋减分中。（《菜根谭》）

译文

追逐功名利禄不要抢在别人的前面，进德修业不要落在别人的后面，享受物质生活不要超过允许的范围，修养品德要达到自己追求的标准。

解读

荣誉或利益面前千万不可抢在别人的前头，应该先他人而后自己，不然会引起别人的怨恨。而有关个人的道德修养的事，则不要落在人后，要自己努力去争取。对于得到的物质享受，即便是应当得到的，也要反省自己是不是应当得到这一分享受，一定不要超过所允许的范围。对于自己的品德修养，则要时刻提醒自己是否达到了自己的预期。

一个人对于自己的修养或实践道德，必须要尽自己最大的能力去刻苦努力，因为人的品格修养都是从实际的利益中体现和磨炼出来的。名利和地位固然能鼓励人奋发向上，但是假如过分重视名利，有时也会给人带来无尽的苦恼。从道德修养来看，在名利享受上不争先，不分外；在德业修为上时时提高，是个人走向品德高尚的具体表现，是一种精神的充实和追求的愉悦。

君子的生活要如同食淡菜，一切讲淡而不讲浓。淡了，便能看破一切虚妄，也自然能达到超凡入圣的境界，成为一个有德行和善根的人。

案例

代父从军花木兰功勋卓著弃赏归乡

吃苦在前，享受在后，至今仍是许多人的优秀品质。其实，古代就有很多这样的人了，他们大多是深受爱戴的领导。还有一些人，在功成名就之后，卸甲归田，面对名利淡然处之。巾帼不让须眉，在这些人里面，有这样一位女子，她就是花木兰。

北魏末年，河南商丘人花木兰，从小和父亲读书习字，还喜欢骑马射箭，练得一身好武艺，堪称文武双全。当时，柔然、契丹等少数民族日渐强大，经常派兵侵扰中原。北魏朝廷为此常常大量征兵，加强北部边境的驻防。一天，一纸征兵通知送到木兰家，要征木兰的父亲去当兵。

木兰见父亲年迈，自己没有哥哥，弟弟又太小，便女扮男装，代父从军。

木兰随着队伍到了北方边境。她担心自己女扮男装的秘密被人发现，处处加倍小心。白天行军，木兰紧紧地跟上队伍，从不敢掉队。夜晚宿营，她从来不敢脱衣服。作战的时候，她凭着一身好武艺，总是冲杀在前。从军十二年，木兰屡建奇功，同伴们对她十分敬佩，赞扬她是个英勇的好男儿。

战争结束，皇帝对将士论功行赏，但木兰既不想做官，也不要财物，她只希望得到一匹快马，立刻回家。皇帝欣然允许，并派使者护送木兰回乡。

父母听说木兰回来，非常高兴，急忙赶到城外去迎接。弟弟也杀猪宰羊，以慰劳为国立功的姐姐。木兰回到家后，脱下战袍，换上从前的女装，梳妆完毕，出来向护送她回家的同伴们道谢。同伴们见木兰原是女儿身，都万分惊奇，没想到共同战斗十二年的战友竟是一位漂亮的女子！

危难时刻挺身而出，保家卫国，功成之际不慕名利全身而退，这，就是花木兰，这，就是中国的女子！时至今日，我们不得不为木兰身上所体现出来的美德所折服。她的勇敢无畏和不慕名利的品质更值得我们学习。

原文

天地之气，暖则生，寒则杀。故性气冷清者，受享亦凉薄；唯和气热心之人，其福亦厚，其禄亦长。(《菜根谭》)

译文

大自然有四季的运转，春夏和暖万物就获得了生机，秋冬寒冷万物就丧失了生机。一个性情高傲冷漠的人，他所能得到的福分自然就冷漠淡薄；只有那些个性温和而又满怀热情的人，他获得的福分才会丰厚，他的官位也才会长久。

解读

在大自然中，只有在温暖的环境下，万物才能获得生机，而严寒只能让万物凋敝。做人也是一样的道理，如果你待人和气如春夏和暖，则大家都愿意和你交往，而如果你整日都板着一副冰冷的面孔像寒冬一样自认清高，则大家都会对你退避三舍，你最终只能离群索居、孤立无援，以致最后在孤独寂寞中度过一生。

“敬人者人互敬之，助人者人互助之。”一个人对别人有着怎样的态度，别人也会做出相应的反应，你付出的爱心和关心越多，你身边关心你的朋友就越多，你得到的帮助也会更多，那么你事业成功的概率也就会越高，生活也会更加愉快。

案例

刘宽仁厚宽恕受人敬重

严于律己，宽以待人。这是很多古代士大夫对自己的要求。宽厚待人不仅是对别人的尊重和仁慈，也是对自身品格的修养。宽恕别人，一次两次，不难，若总是如此，不是谁都能做到的。

刘宽，字文饶，东汉华阴人，学识渊博，历任大将军掾、司徒长史、东海相、尚书令、南阳太守等职。为政以宽恕为主，被海内之人称为长者。

一次，刘宽乘牛车外出，有人遗失了自己的牛，找上刘宽的牛车来辨认，刘宽默默不言，随即下车徒步回家。后来，失牛人找到了自己的牛，亲自把刘宽的牛送还并叩头谢罪说："我很羞惭，愧对长者，愿任随长者处罪。"刘宽和颜悦色地说："世间相类之物，容易认错，幸劳你送回来，这有什么好谢罪的呢？"邻里都佩服称赞他这种不与人计较的德量。

汉桓帝时，刘宽被授予尚书令之职，后又升为南阳太守，推举掌理三郡。刘宽办理政事，仁厚宽恕，属下官吏有了过错，只以薄鞭轻罚，以示耻辱而已。推行政事有功，皆让给属下，灾殃变异出现，便引咎负责。见了父老，慰问乡里及农田之事，对少年勉励他们善事兄长，百姓感念他的德政，渐渐深受感化。

刘宽性情温良，从未发过脾气，即使在急迫匆忙时，也未曾容色严厉，言辞急迫。夫人也感到奇异，为了试探刘宽的度量，想激他愤怒。有一次，正当刘宽要赴朝会，衣冠装束整齐之时，夫人命侍婢捧一碗肉羹进入，故意翻倒沾污了刘宽的朝服，刘宽神色不变，仍然温和关心地问侍婢说："肉羹是否烫伤了你的手？"

到了汉灵帝时，刘宽官至光禄勋，封为逯乡侯，其子刘松官为宗正。

纵观刘宽的一生，除了因日食这种"天灾"被免官外，竟然没有因"人祸"而受过人和牵连。这在封建社会极其险恶的官场之中，恐怕不多见。个中缘由，与他性情温和、宽厚为人从政不无关联。待人以宽，就不容易树敌，自然不太可能会有人进谗陷害。何况，刘宽的仁厚无论高低贵贱，一视同仁。这种长者之风成就了刘宽，也影响了他身边的人。所以，生活在今天的我们，不妨多学学刘宽，不去计较，那么就会避免不必要的麻烦，自己也会活得一身轻松。

原文

闲中不放过，忙处有受用；静中不落空，动处有受用；暗中不欺隐，明处有受用。(《菜根谭》)

译文

在闲暇的时候不要轻易放过宝贵的时光，要利用这段空闲做些事情，等到忙碌的时候就会大有用处；当平静恬淡的时候也不要忘记充实自己的精神生活，等到有艰巨的工作到来时就会从中得利；当你一个人在无人处独处时，要能保持光明磊落的胸怀，这样在众人面前你就能心安理得地受到尊敬。

解读

我们不管是做人还是做事，都不可能一朝一夕就能做到功德圆满或者功成名就的，我们在平时就应该未雨绸缪，处乎其安，不忘乎其危，抓紧时间积累知识，充实自己，这样才能在遇事的时候受益，有备无患。

同样，对于一个人自身的修养也是一样的。不要认为一个人在深夜独处时做些坏事没有人会知道，其实这只能欺人于一时，并不能掩饰自己的劣行丑迹多长时间，一旦事情败露，就将很难再抬起头来做人。

闲中不放过，静中不落空，暗中不欺隐，是一个人成功的重要条件。对于我们来说，既要享受成功的喜悦，又不能沉溺于成就而忘乎所以，既要懂得居安思危，又不能忘记奋发进取。只有这样，我们才能在成功的道路上越走越远。

案例

鲁肃简公忠心耿耿受重用

诚实，自古以来就是中华民族的传统美德之一，“人背信则名不达”，“民无信不立”。诚实对于处世而言从来都是至关重要的。自然，历史上也不乏因诚实而知名的故事，鲁肃简公不欺君便是其中之一。

鲁宗道是宋真宗、宋仁宗时期的贤臣，谥号肃简。他为人正直，不拘小节，但却受到重用。当年，太子住在东宫，鲁肃简公为太子谕德（东宫属官），附近有个很有名气的酒店，鲁宗道常常换上便服后到那里饮酒。

一天，宋真宗紧急召见鲁宗道，使者到了以后，但鲁公不在。一段时间后鲁公从酒店回来了，使者与鲁宗道约定说：“皇上要是怪罪你来迟了，你应该用什么话来推脱？我还好先来向你请教，希望皇上面前不要回答的不一样。”鲁宗道说：“把实情告诉他。”使者说：“这样的话会得罪皇上。”鲁公说：“喝酒，是人之常情：但欺骗君主，可是大罪。”使者叹息着走了。

真宗果然问使者，使者按照鲁公说的对答。真宗问公说：“为什么擅自进入酒家？”鲁宗道说：“臣家贫穷没有器皿，酒店什么酒具都具备，让人感到宾至如归，正好有乡里亲客从远方来，于是请他们喝酒。但是因为我换上了百姓的服装，所以没有认出我的人。”真宗说：“你是宫里的官，恐怕会被御史弹劾。”从此认为他是奇人，可以重用。从此，鲁肃简公被委以重任，辅佐了两代帝王。

“以诚感人者，人亦诚而应。”待人以诚，别人方能以诚回应，将心比心，才能赢得别人的认可和尊重。在今天这个社会，因为缺乏诚实而导致的社会问题层出不穷，所以，这两个字似乎显得尤为珍贵。我们可能没有办法左右整个社会，但是我们能够左右自己，做个诚实有信的人。让我们中华民族的这一传统美德继续发扬光大。

原文

少年之情，欲收敛不欲豪畅，可以谨德；老人之情，欲豪畅不欲郁阏，可以养生。(《呻吟语》)

译文

年轻人的感情，应当注意收敛起来而不要豪放畅快，这样可以严谨自己的道德观念；老年人的感情，应该豪放畅快而不要郁悒淤积，这样才可以颐养天年。

解读

人是有感情的动物，所以非常注重一个“情”字，因为有情，社会才能够生机勃勃。然而感情可以是好的，也可以是坏的，关键是看你怎样用理智去把握它。年轻人由于缺乏生活的阅历，又血气方刚，容易意气用事，做事不顾后果，往往因小而失大，一失足而成千古恨。所以，在年少的时候，要懂得收敛自己的感情，理智一点，在言语上谨慎一点，才不至于犯下大错。

而老年人由于血气已经衰竭，感情的变化也不那么明显，就不要完全被压抑起来。感情一压抑，血气也就更加沉郁下来，也会影响自己的身体健康。如果老年人的感情能奔放一点，血气也可以活跃一点，让自己的晚年生活也可以多姿多彩，这对身心健康也是极为有益的。

年轻人的感情要懂得收敛，老年人的感情要懂得释放，这不仅可以让自己在人际交往中左右逢源，也是做人的一种修行之道。

案例

少年汉昭帝老成持重化解政治风波

年轻气盛是很多人的通病，相比之下，年少老成则很少有人能做到。年纪轻轻就能控制好自己的情绪、处理好事情真的令人钦佩。这样的人在人际关系中比较容易取得主动，在事业上也比较容易有所成就。老成持重对一个人而言是如此，而身为一国之君，如果能够做到老成持重，那么受益的，就不仅仅是一人了。

汉昭帝刘弗陵八岁继位，按汉武帝的遗旨，由大司马大将军霍光、车骑将军金日碑、左将军上官桀共同辅政。上官桀是个有野心的人，为了扩大自己的权力，便勾结燕王刘旦，千方百计打击排斥霍光，阴谋废去昭帝，让燕王登上皇位。

汉昭帝十四岁时，霍光检阅羽林军之后，把一个校尉调到大将军府里来。上官桀便伺机假冒燕王的名义上书："臣燕王旦上书陛下，听说大将军霍光检阅羽林军，耀武扬威地坐着跟皇宫里一样的车马，又自作主张私调校尉，显然要阴谋叛乱。我愿意马上进京入宫，保卫陛下，以防不测。"

昭帝把这封信看了又看，念了又念，然后放一边。上官桀就到宫里探问。昭帝只是微微一笑，什么也没有说。

第二天，昭帝临朝，大臣们都到了，唯独少了霍光。原来他听说燕王告发他，吓得正躲在偏殿里等候处置呢！

昭帝传谕霍光上殿。霍光摘去帽子，趴在地上，战战兢兢他说："臣罪该万死！"

昭帝却和颜悦色地安慰道："大将军，整好衣冠，不必害怕，我知道有人成心要害你。"一听这话，霍光和大臣们都愣了。昭帝接着说："大将军检阅羽林军，离京城不远，调用校尉也不过十天。燕王远在北方，怎能知道此事？就算知道了，立即派人上书，现在也赶不到啊！再说，大将军真要叛乱，也用不着一个校尉。可见，分明是有人谋害大将军。燕王的信是假造的。我虽然年轻，也不至于这样受人蒙蔽！"

少年天子千钧一发之际力挽狂澜，不仅保住了霍光，更保住了自己和帝位。这其中，他用理性控制了自己的情绪，使上官桀摸不着头脑。足见控制情绪对于年轻人来讲有多重要；而对于老年人而言，适当放开自己的情感，也不失为一种豪放，苏轼有“老夫聊发少年狂，左牵黄，右擎苍”的豪放，也是真性情的体现吧。至此，该收敛还是该豪放，相信每个人的心中都有一个选择了。

原文

福不可徼，养喜神以为召福之本而已；祸不可避，去杀机以为远祸之方而已。(《菜根谭》)

译文

幸福不可强求，只要能经常保持愉快的心情，就是追求人生幸福的基础；人间的灾祸难以避免，消除怨恨他人的念头，才算得上是远离灾祸的良策。

解读

每个人对幸福天生就有一种渴望，每个人都有追求幸福的权利，这也是人类社会得以向前发展的一种动力。但幸福也不可以强求，因为每个人所处的环境和价值观不同，所以对幸福感的定位也不同，如果期望太高没有收到预期的效果就难免让人失望。只有在奋斗中保持一颗乐观豁达的心，只问耕耘不问收获，即使你不去刻意追求幸福，幸福也会因为你的努力而得到。

对于幸福，人人都想得到，而对于灾祸，却人人都想避免，但逃避不是解决问题的良策，只有万事多从自己身上找原因，多反省自己，不迁怒于人，这样才能远离灾祸。

所以，追求幸福要豁达乐观，努力耕耘，在面对是非和灾祸时，要有一颗健康向上的心，不被不健康的情绪左右。

案例

书生吴宁舍财助人幸免于难

古人对于福祸有着独到的见解，认为二者之间存在着联系，可以相互转化。但是面对福祸，古人并不是完全任其发展而束手无策，趋福避祸也一直是人们所努力的，大家往往希望通过自身的努力改变不利的状况，使它向好的方面转化。吴宁赶考就说明了福祸之间相互转化的道理。

清朝时，有一位书生吴宁，和同学结伴到澄江参加选拔贡生的科试。前一年的考试中，吴宁在经、古等科目连得第一。他对这次拔贡稳操胜券，同时也带了足够的银两。于是他每天待在客栈里，与同学们喝酒赋诗，很觉得意。

客栈里住着一位相士，吴宁与他相处很好。一天，吴宁提了一条鱼自外进来，问相士自己能否吃到这条鱼，相士说不能。果然，鱼上桌之后，一条大蛇从梁上掉下来，正砸在盛鱼的盘子上，鱼竟然没有吃成。吴宁由此称赞他的相术真够神奇。

吴宁又问此次科试自己是否能选拔上，相士说："你根本没有希望选上，你脸上现在已经呈晦暗之色，三日后三更，你将死于非命。劝你最好尽快回家，还能安逝在家里。"同来参加考试的人不让他回去。最后，吴宁不安地留了下来。

第三天夜晚，远处一间破屋中隐约传来哭声，吴宁推门进去，看见一妇人抱着两个孩子哭。原来是她丈夫欠下当地一恶霸五十两银子还不起。恶霸就此告官，她丈夫被抓入狱，打得血肉模糊。妻子因此只好卖自己来偿还，现在已经谈好契约了，明天就要嫁过去。妇人因舍不下儿女，所以悲哭。

吴宁想自己带的钱不少，不如拿来替他们还账，以保全这一家人。吴宁回到客栈，拿了七十两银子，交给妇人。妇人卖身的媒人老翁详细问了吴宁的姓名和住地。

吴宁回到客栈，心中想着相士的话，辗转反侧，难以入眠。听到有人敲门求见，打开门，是那位妇人把钱连夜交到官府，丈夫已释，两人特地前来叩谢。吴宁站起来，劝慰一番，把他们送出门外。忽然，听到卧室轰然一响，他进去一看，一面墙倒塌下来，正砸在他的卧床上，床和席子等都压成碎片。

第二天见到相士，吴宁笑他没说准。相士又把吴宁仔细审视一番，笑道：

“你别骗我，昨夜你一定做了什么事，现在满面福德之相，而且德相很大。现在不会死了，而且还当连捷中进士。如果以为我的话是胡说，昨天你早已死在塌墙之下了！”

后来，吴宁参加考试果然得了拔贡，后来又入了翰林。此后，人们纷纷感叹穷达之变只在一瞬之间，生死只在一念之间。

帮助别人就是帮助自己，吴宁不会想到，自己的善举不但救了妇人全家，还救了自身。事实上，同在一片蓝天下，我们彼此之间都是有很多共同的东西的，大家同呼吸、共命运，只有互相帮助、与人为善，才能创造出和谐的人际关系，实现“人和”，万众一心，面对困难时，才能众志成城，攻难克艰，也才能远离祸患。

沉浮卷

第六

原文

名根未拔者，纵轻千乘甘一瓢，总堕尘情；客气未融者，虽泽四海利万世，终为剩技。(《菜根谭》)

译文

功利思想的根没有被彻底拔除的人，即使他能轻视千乘的高官厚禄、富贵荣华而甘愿过一瓢一饮清苦的生活，最后仍然摆脱不了名利世俗的诱惑；一个受外力影响而不能在内心加以化解的人，即使他的恩泽能播撒四海，造福万世，到最后也终归只是一种多余的伎俩。

解读

虽然争名逐利之累人所共知，但名利之诱惑确也太大。追逐名利是一种贪欲，淡泊名利是一种境界，但真正能做到淡泊名利的人却很少。如果一个人不铲除名利的观念，那么随时都会有追逐名利的念头产生，不论他如何标榜清高声称退隐山林，都不过是一种以退为进的托词。有许多人在不如意的时候便高歌隐退，一有时机，便马上出世，在名利场上沉沉浮浮。“终南捷径”就是此中最典型的例子。

因此，只有拥有一身正气，道德纯真的人才可能真正做到淡泊名利。因为一个人隐世还是出世都不是最重要的，关键还是要看他的修养，是一身正气还是私心杂念缠身，更要看他的行为是不是利国利民。从根本上消除名利思想，从心底真诚地做一个好人，这才是人生所真正需要的。

案例

严光不受高官厚禄垂钓富春江畔

面对富贵荣华、高官厚禄，有人可能为得到这些，四处奔走，志在得之而后快；有的人，则淡然处之，因为这些在他们眼里，就是浮云。前有庄子宁做弋尾于涂中之龟，后有陶渊明不为五斗米折腰，还有一人，便是严光。

严光字子陵，浙江余姚人。他年轻时便很有名气，与后来的光武帝刘秀同在太学学习。光武帝即位后，严光便改名换姓隐居起来。光武帝看重他的贤能，下令在全国查访他。后来有人说："有一位男子，披着羊皮衣在水边钓鱼。"光武帝怀疑那就是严光，便准备了小车和礼物，派人去请他，请了三次才到。

司徒侯霸与严光是老相识，派人送信给严光。送信的人便对严光说："侯公听说先生到了，一心想立刻就来拜访，限于朝廷的有关制度不便，所以不能来。希望能在天黑后，亲自来向你表达歉意。"严光不说话，将书简扔给送信的人。口授说："君房先生：官位到了三公，很好。怀着仁心辅助仁义天下都高兴，拍马屁看人脸色办事可就要身首异处了。"侯霸收到信看过，封好了再上给光武帝。光武帝笑着说："这狂家伙还是老样子。"当天就亲自来到严光居住的馆舍，严光睡觉不起来，光武帝就进了他的卧室，摸着严光的腹部说："哎呀严子陵，就不能相帮着做点事吗？"严光睡着不讲话，过了好一会儿，才睁开眼睛，看了好一会儿，说："过去唐尧那样显著的品德，巢父许由那样的人听说要授给官职尚且去洗耳朵。读书人本各有志，何以要到强迫人家做官的地步？"光武帝说："严子陵，我竟然不能使你做出让步？"于是便上车，叹息着离开了。

后来又请严光到宫里去，谈说过去的交往旧事，两人在一起相处好多天。有次光武帝随意地问严光："我比过去怎么样？"严光回答说："陛下比过去稍稍有点变化。"说完话便睡了，其间还把脚压在光武帝的肚子上。第二天，太史奏告，有客星冲犯了帝座，很厉害。光武帝笑着说："我的老朋友严子陵与我睡在一起罢了。"

授予谏议大夫的职务，严光不肯屈意接受，就在富春山过着耕种生活，后人把他垂钓的地方命名为严陵濑。建武十七年（41 年），又一次征召他，没有去。活到八十岁，在家中去世。

小隐隐于山，大隐隐于朝。小隐也好，大隐也罢，面对世间的繁华，宁守内心深处一片净土。严光以淡泊功名的心态，践行着自己的名士之风。今天，我们不一定要隐居山林，但需要在喧嚣之中，坚守一片宁静，用以明志，用以致远。唯有如此，才不至于在纷繁的生活中，迷失自己，迷失方向。

原文

恩里由来生害，故快意时须早回首；败后或反成功，故拂心处莫便放手。（《菜根谭》）

译文

身处顺境受到主人的恩宠，往往会给自己招来祸患，所以一个人在志得意满的时候应该见好就收，尽早觉悟；遭受挫败后有时反而会使一个人走向成功，因此在不如意的时候，也千万不要轻易放弃。

解读

在得意的时候不忘形，在失败的时候不要灰心丧气，这是人们长期生活积累而得到的经验之谈。

人们常说："知足常乐，终生不辱，知止常止，终身不耻。"有的人在身居高位的时候能够及时功成身退，得到了别人的称颂和赞赏，而有的人虽然建功立业，却因为贪恋富贵，不能及时引退，最后不得善终，只能得到后人无尽的叹息。正所谓"爬得越高，摔得越重"，因为权力最能腐化人心，贪恋名利往往会招致身败名裂的下场。

失败乃成功之母，人的一生会遇到各种各样的挫折，挫折并不可怕，可怕的是我们在挫折面前丧失了前进的动力。所以我们在挫折面前不要气馁，不要轻易放弃，只要我们不倒下，就有取胜的可能。

案例

曾国藩功成身退实现自保

历史上，功高震主的故事举不胜举，但是，还是有一些人，功高却并不震主，这其中的奥秘，在于他们的睿智和韬光养晦。清朝时，声势浩大的太平天国运动曾经轰动一时，清廷对此束手无策，最终，太平天国起义被曾国藩领导的湘军镇压。而湘军之所以能够取得成功，得力于其内部结构。曾国藩身为一代人臣，却在功成之后，及时解散大部分湘军，不仅保护了湘军主力，也保护了自己。

湘军的选拔不同于普通的军队，士兵皆由各哨官亲自选募，哨官则由营官亲自选募，而营官都是曾国藩的亲朋好友、同学、同乡、门生等。湘军实际上是“兵为将有”，从士兵到营官所有的人都绝对服从于曾国藩一人。

湘军依仗洋枪洋炮攻占太平天国的部分地区后，清廷于 1861 年 11 月任命曾国藩统帅江苏、安徽、江西、浙江四省的军务，这四个省的巡抚（相当于省长）、提督（相当于省军区司令）以下的文武官员，皆归曾国藩节制。

曾国藩并没有因此而扬扬自得，也不敢过于高兴。他头脑非常清醒，时时怀着戒惧之心，居安思危，审时韬晦。

太平天国起义被镇压之后，曾国藩因为作战有功，被封为毅勇侯，世袭罔替，功成名就。但是，曾国藩此时并未感到春风得意，相反，他却感到十分惶恐，进而更加谨慎。他担心功高招忌，恐遭狡兔死、走狗烹的厄运。

他写信给其弟曾国荃，嘱劝其将来遇有机缘，尽快抽身引退。湘军进了天京城后，大肆洗劫，其弟曾国荃抢得最多。左宗棠等人据此曾上奏弹劾曾国藩兄弟吞没财宝罪，清廷本想追查，但曾国藩急办了三件事：一是盖贡院，当年就举行分试，提拔江南士人；二是建造南京旗兵营房，请北京的闲散旗兵南来驻防，并发给全饷；三是裁撤湘军四万人，以示自己并不是在谋取权势。

曾国藩又上奏说，湘军成立和打仗的时间很长了，难免沾染上旧军队的恶习，且无昔日之生气，奏请将自己一手编练的湘军裁汰遣散。全篇无一字提及自身去留，因为他知道，如果自己在奏折中说要求留在朝廷效力，必将有贪权恋栈之疑；如果在奏折中明确请求解职而回归故里，那么会产生多方面的猜疑，既有可能给清廷以他不愿继续为朝廷效力尽忠的印象，同时也有可能被许多湘军将领奉为领袖而招致清廷猜忌。

原来，太平天国被镇压之后，清廷就准备解决曾国藩的问题。因为他拥有朝廷不能调动的一支强大的军队，大臣们不会放过这个问题。如果完全按照清廷的办法去解决，不仅湘军保不住，曾国藩的地位肯定也保不住。曾国藩的主动请求，正中统治者们的下怀，于是下令遣散了大部分湘军。在对待曾国藩个人时，仍然委任他为清政府的两江总督之职。这其实也正是曾国藩自己要达到的目的。

危急时刻，挺身而出，功成名就，适时退出，身居显位，却能进退自如；面对功名利禄，不贪不恋，面对潜在危机，审时度势，这是曾国藩的智慧。这对于我们今天也同样适用，防人之心不可无，在功名利禄面前保持清醒头脑，才能让自己在工作生活中把握主动，也才能更为优秀。

原文

势利纷华，不近者为洁，近之而不染者尤洁；智械机巧，不知者为高，知之而不用者为尤高。(《菜根谭》)

译文

权力和财富使人眼花而不断乞求得到，而不接近这些的人却很高洁，接近了而不受其污染的人就更加高洁；权谋诡诈，不知道的人是高明的，知道了而不使用这些手段的人就更加高明了。

解读

世间纷华，诱惑众多。有的人遇到有利可图的事情，就削尖了脑袋往里钻，以图能贪一点便宜；而在一些有权有势的人周围，整天都不缺一群趋炎附势的人。这些人都怀着一颗“贪”字而来，他们都是在利益的驱动下而聚集在一起，不可能有一颗真诚的心。所谓“富居深山有远亲，贫在闹市无人问”，等到财富散尽，大势已去，其中的世态炎凉也就不足为奇了。所以为了保持自己高尚的人格，还是不要去追逐个人利益，即使身在其中，也要保持自己的高洁的品质。

“智械机巧”是人们从智慧和才干中锻炼而来的，但如果为了自身利益而去施展权谋术数反而还不如那些什么都不懂的人来得高尚。尤其是在手握权力，掌握金钱的时候，依然要保持高洁，不因权力而贪污，不因金钱而堕落，这是非常可贵的。

“富贵不能淫”。只有拥有高尚人格的人才能在权势和名利面前，保持自己的高洁，才可能出污泥而不染，也耻于运用各种机巧权谋，真正视权势如浮云。

案例

羊祜以德服陆抗赢得边疆稳定

古人有云，兵不厌诈，历史上不乏这样的事例，两军对峙，为达到自己目的，可以不择手段。但是，并非所有的故事都是如此，还有很多例外。三国时期，战事不断，也发生了很多忠义故事，英雄之间惺惺相惜，陆羊之交便是其中之一。

羊祜是魏国（后来的西晋）著名战略家、军事家、政治家和文学家。博学能文，清廉正直。陆抗是吴国名将。

魏国灭掉蜀国以后，羊祜被派往襄阳镇守，防止东吴的镇东将军陆抗的进犯。镇守襄阳以后，羊祜很受当地驻军百姓的欢迎。吴国有投降过来的人又想回国的，羊祜都听其自便。他还减少了在边境巡逻的士兵。他初来的时候，军队里连一百天的军粮都没有，可等到年底，军粮积存足够用上十年。羊祜经常是身着轻便的皮衣，腰系宽宽的带子，不穿戴铠甲，身边的警卫也不过十几个人。

一天，部将向他禀告：“侦察的人报告说，吴国的士兵防守十分懈怠，可以乘他们没有准备去袭击他们，一定能够取得大胜。”羊祜笑着说：“你们这些人小看陆抗了。这个人足智多谋，我们就只好守住边境，等到他国内情况发生了变化，才能攻取，如果不考虑时势而轻率进攻，这可是自己往失败的道上去走！”将领们于是便一心一意守卫自己的边界，没有别的想法了。

一天，羊祜带领将士出外打猎，正巧赶上陆抗也出来打猎。羊祜命令道：“我方的军队不许超过边界。”将士们便只在晋国的地界内围猎，不侵犯吴国边境。陆抗见此，赞叹道：“羊将军有纪律，不能够冒犯他呀！”当晚，各自退回自己的驻地。羊祜派人把吴方先射伤的禽兽全都送还对方。陆抗则回赠一壶佳酿。身边的人问陆抗：“将军送酒给他，是什么用意？”陆抗说：“他既然对我们表现出恩德，我怎么能不予以答谢？”

羊祜当场打开酒壶取出饮用，部将陈元说:“其中只怕有奸诈，将军还是别饮的好。”羊祜笑道:“陆抗哪里是给酒下毒药的人，不必疑虑。”倒出就喝。

从此，双方使者往来，彼此互通问候。羊祜知道陆抗病了，便把自己制作好的成药送给陆抗，有人说:“羊祜是我们的敌人，这药决不是什么好药。”陆抗说:“羊将军怎么会毒害人呢，你们不要多疑。”第二天病便好了。陆抗说:“他是施行恩德，我们总是施行强暴，这样他就会不战而胜我。从今以后，各自保卫好自己的边界，不要贪图一些小利。

陆羊之交成为三国时期的一段佳话，陆羊二人为当时双方边界的稳定做出了重要贡献。这为我们今天为人处世也提供了很多借鉴，对手仅限于一定意义上的对手，凡事从大局出发，敢于和对手握手，勇于和对手交好，善于和对手学习，都不失为明智之举。

原文

胸中只摆脱一恋字，便十分爽净，十分自在。人生最苦处，只是此心沾泥带水。明是知得，不能断割耳。(《呻吟语》)

译文

我们的心中只要能摆脱掉一个“恋”字，便会感到十分地清净爽快，十分地自由自在。人的一生最痛苦的地方，就是由于这颗心总是要沾泥带水。心里也明明白白地知道，可就是不能够自己痛痛快快地一刀割断。

解读

人生最大的悲剧就在于做什么事情都拖泥带水、藕断丝连。人们之所以这样，是因为心里总有割舍不下的东西，做什么都会被牵绊。有的为情所困，留恋的根源在于心中的情意难却，割舍不断，结果弄得大家都不自在，不仅耽误了自己，还耽误了别人。

对于功名利禄的追求也是一样的，只要身处其中就舍不得放手，明明知道那是痛苦多于幸福，也想早些抽身，可就是舍不得，放不下，待到想抽身的时候却又无力自拔了。

人要活得潇洒自在就必须要做事果断，能狠得下心来做决定。只有心灵清静、自由自在了，才能达到空灵应物，左右逢源的境界。

案例

班超当机立断完成出使西域大任

自古以来，成就一番事业的人大多雷厉风行，优柔寡断的人很难有所成就。鸿门宴上项羽犹豫不决，致使刘邦成功脱逃；袁绍在官渡之战中优柔寡断，最终兵败。当然，历史上也不乏当机立断而取得成功的事例，班超“不入虎穴焉得虎子”的典故便是其中之一。

班超是东汉时期著名军事家、外交学家。东汉王朝为了联合西域各国共同抗御匈奴的侵扰，派遣班超出使到西域。

班超带着三十六个随从人员首先到了鄯善，鄯善原来是归附匈奴的，因为匈奴逼他们纳税进贡，勒索财物，鄯善王很不满意。几十年来，汉朝顾不到西域，鄯善王只好勉强听匈奴的命令，这次看到汉朝派了使者来，就挺殷勤地招待着。几天后，班超发现鄯善王对待他们忽然冷淡起来，便心存疑虑。夜里，班超派人潜进王宫，果然发现国王正陪着匈奴的使者喝酒谈笑。后来，班超又设法了解到，匈奴不但派来了使节，而且还带了一百多个全副武装的随从和护卫。他立刻意识到了事态的严重性，立刻召集使团研究对策。

班超对大家说：“现在我们已处于极度危险之中，如果再不采取有效措施，等鄯善国王被说服，我们就会成为他和匈奴结盟的牺牲品。到时候，我们自身难保是小事，国家交给的使命也就完不成了。大家说该怎么办？”大家齐声答应：“我们服从您的命令！”班超猛击了一下桌子，果断他说：“不入虎穴，焉得虎子！现在我们只有下决心消灭匈奴，才能完成我们的使命！”当夜，班超就带人冲进匈奴所驻的营垒，趁他们没有防备，以少胜多，终于把一百多个匈奴人全部消灭了。

第二天，班超提着匈奴使者的头去见鄯善国王，当面指责他的善变并说：“您太不讲信用了，既答应和我们结盟，又背地里和匈奴接触。现在匈奴使者已全被我们杀死了，您自己看着办吧。”鄯善国王又吃惊又害怕，很快就和汉朝签订了同盟协议。

班超的举动震动了西域，其他国家也纷纷和汉朝签订同盟，很多小国也表示和汉朝永久友好。班超最终圆满地完成了使命。

当断不断，反受其乱。成功不仅眷顾有准备的人，成功也眷顾当机立断的人，在关键时刻选择进退，既把握了时机，又赢得了主动，才可能让事情按照自己的意志发展。在现实生活中，我们也要果断行事，切忌优柔寡断。

原文

非分之福，无故之获，非造物之钓耳，即人世之机阱。此处着眼不高，鲜不堕彼术中矣。(《菜根谭》)

译文

不是自己分内应享有的福分，无缘无故得到意外之财，即使不是上天故意用来诱惑你的钓饵，也必然是人世间的歹徒用来欺诈你的机关陷阱。为人处世如果不在这些地方睁大眼睛，很少有不落入歹徒的圈套的。

解读

人们常说非分之想不可有，不义之财不可取，非我之物不动心。做人不要有任何的非分之想，不是自己的东西，千万不能要，在钱财面前，一定要把持住自己。俗话说“人为财死，鸟为食亡”“天欲祸之，必先福之”，用非分之想得到的东西，到头来都会是一切祸患的根源。

生活中时常有欺诈别人钱财的小人，他们之所以能诈得人钱财，就是利用了人们贪图非分之财的弱点，这跟鸟鱼贪图意外食物而上钩的道理是一样的。一些小人想要图谋你的东西，必定会先从物欲上满足你，有些人往往贪婪之心作祟，糊里糊涂就把歹徒的钩饵吞下，最后钱财尽失，有的甚至因此而身败名裂，家破人亡。

人生在世，想要留得清名于世，就必须做到非我之财不要，这是为人处世应固有的原则，也是自己道德水准的一种体现。

案例

子罕不贪为宝获美名

对财物的态度，往往折射出人的本性，有的人贪得无厌，得陇望蜀，最终为物所累；而有的人，则以不贪为宝，纵是稀世之宝，非我之物，又能奈我何？贪与不贪，虽在一念之间，却关乎一人之品。

乐喜，字子罕，是春秋时宋国的贤臣，主管建筑工程，制造车服，位列六卿。

一个宋国人在山上发现了一块宝玉。他非常高兴，便兜着它回家，请一个玉工来鉴别。玉工仔细看了后，赞不绝口地说："这块玉好极了，没有一点毛病，是个宝贝啊。不过你得小心，别在人家面前露眼，让人家把它偷了去！"

其实，这人请玉工来家里，已经引起了邻居的注意。原来，平时极少有人来他家，这回突然来了玉工，有人便不时进来张望。宋人心里不安，怕空欢喜一场，便把宝玉秘密藏好。

尽管如此，他还是担心宝玉会被盗走。如果把它卖掉，又怕不知它的真正价值，自己吃亏。他思来想去，最后决定把它赠送给一个有身份的人，这样多少还能留下些人情。过了几天，他见没人注意，便带了宝玉悄悄地前往都城。

到了都城，他把宝玉献给掌管工程的大臣子罕，子罕不解地问："你把如此贵重的宝物送给我，大概是要我帮你办什么事吧？不过，我是从来不接受别人赠送的礼物的。"

宋人慌忙摇头说："我没什么事要您帮我办。玉工说，这块宝玉是稀有之物，所以我要献给您。"

子罕再次拒绝说："我决不能收下这宝玉。因为如果收下了，你和我都丧失了宝。"

宋人不明白子罕这话的意思，只是呆呆地望着他。子罕继续说道："我以不贪为宝，而你以玉为宝。你把玉给了我，当然丧失了宝，但我收下了你的玉，也就丧失了不贪这个宝。这样，双方都丧失了宝。"

宋人也无可奈何，只得以实相告："小民一介贫民，留下宝玉会引起别人的注意，过得不安宁，所以特地到都城来献给您，宝玉有了该有的归宿。这样，我还能过得踏实些。”

子罕想了一会儿，叫宋人暂时留下。接着，命一位玉工为这块宝玉雕琢，把它送到市场上卖掉，把钱交给宋人，然后派人护送他回家。

“天下熙熙，皆为利来；天下攘攘，皆为利往。”古人早已对“利”在人们心中的地位做出总结，千百年来，子罕弗受玉的故事犹如一缕清新的阳光，照耀着人们的心田，让人们在感叹子罕人品的同时，也更加明白对待非己之物的态度。当今社会，为了赚取利益而弄虚造假的事情屡见不鲜，这个故事似乎尤为发人深省。

原文

平民肯种德施惠，便是无位的公相；士夫徒贪权市宠，竟成有爵的乞人。(《菜根谭》)

译文

普通百姓只要肯多积功德广施恩惠，就会像一位没有实际爵位的公卿宰相那样受人景仰；而达官贵人只是一味贪权邀宠，他的行径就会卑劣得如同一个带着爵禄的乞丐一样。

解读

一个人行善或作恶与名位的高低和物质财富的多少并不相干，而完全在于人的品行。虽然贫苦的人没有奢侈豪华的物质生活，但是如果他们能够广施恩惠，行善积德，做的都是有利于他人的事，那就是真的行善。即使他们没有什么权力和地位，生活也很平淡，但是由于他们真心行善积德，发自内心去帮助别人，同样也会受到别人像对待公卿宰相一样的景仰。

而如果一个有钱有势，生活奢华的人，只知道获取功名利禄，贪恋权位，那么这种人就是人格上的乞丐。因为他们为了得到某种利益可以抛弃做人的尊严，为了掠夺别人钱财可以不择手段，然而他们心灵空虚，比物质上贫乏的乞丐更可怜。

金钱只是衡量一个人物质财富的占有程度，但却不能用来衡量一个人的精神状况。一个人，只有自强、自立、自珍、自爱、自重，才能做“没有实际爵禄而恩泽普施的公卿宰相”，才能得到别人的尊重和爱戴。

案例

韩信千金回馈漂母一饭之恩

自古以来，在别人危难之际伸出援手就是中华民族的传统美德。这一美德伴随着许多经典故事传承至今，那些雪中送炭的事迹虽然看似平常，却让受助之人感激万分。施恩不图报遇到知恩图报，便共同构成了历史上的美谈。

帮汉高祖打下天下的大将韩信，曾经有过一段昏暗的经历。他幼时父母双亡，无依无靠，又没法养活自己，只能天天到别人家里蹭饭吃，时间长了，大家都不喜欢他。

后来，韩信又投靠了一位南昌亭长，他白吃白住了几个月，亭长夫人很烦他。一天早上，天还没亮，亭长夫人就起身做饭，悄悄叫醒一家人起床吃饭，吃好以后各自上床睡回笼觉。韩信起床后，照样坐在饭桌前等人家吃饭。等了好久，这家人还不起床，他到锅灶前一看，才发现人家瞒着自己已经吃过早饭了。韩信年少气盛，心里又羞又恼，回屋收拾收拾东西就离开了。

可是，他能到哪里去呢？天下之大，竟没有他韩信容身之地。他只好在河边钓鱼，指望能有点东西填饱肚子。可是鱼虾也跟他作对，就是不肯上钩。他饿得发昏，眼看就要支持不住了。

河边有一群漂洗衣服的妇人，那时候的人管她们叫漂母。其中有位漂母，挎个篮子走到韩信身边说：“小伙子，我看你在这里钓了好几天鱼，每天都不吃不喝的，应该很饿的吧。”

韩信看看漂母，红着脸说：“我……不饿。”

漂母说：“这篮子里有碗饭，是我带来当午饭的。我一个妇人家，吃不了这么多，你要是饿了，就吃吧。”说完，漂母转身离开。

韩信忍了一小会儿就受不了了，拎过篮子，端出饭碗，大口大口地吃起来，一不留神，把一碗饭吃去一大半。他不好意思地把篮子还给漂母，跟她道了谢。漂母仍是笑了笑，没说什么。

第二天，漂母又递给他一个篮子，这次是一大碗饭，还有些菜。之后一连数十天，漂母每天都给韩信带饭。韩信感激地对漂母说：“我以后一定要报答您。”

不料漂母很不高兴地说:“你以为我送你吃的,是图你的回报吗?我是看你可怜,不忍心你挨饿。如果我图回报,就去巴结那些有能耐的人,也不会找你这养活不了自己的穷小子!”

后来,韩信地位显赫,威名远扬,他回到故乡,特意找到这位漂母,赠予千金,传为历史上的佳话。当初漂母赠饭,不曾想到回报,更不曾想到韩信日后会成为一代名将,平民施恩,初衷仅仅是怜悯之心,纵观历史,不知道有多少平民,无意中帮助过未来的将相,在无意中,也铸就了历史,正如毛主席所说,历史是人民创造的。

原文

炎凉之态，富贵更甚于贪贱；妒忌之心，骨肉尤狠于外人。此处若不当以冷肠，御以平气，鲜不日坐烦恼障中矣。(《菜根谭》)

译文

世态炎凉、人情冷暖的变化，富贵之家比贫贱人家表现得更加鲜明：嫉妒、猜忌的心理，骨肉至亲之间比陌生人表现得更厉害。如果不能用冷静的态度来应付这种人情上的变化，用理智来压抑自己不平的情绪，那就很少有人不整日陷于扰乱人情绪的烦恼当中了。

解读

人们常说“共患难易，共富贵难”，由于每个人的能力、条件、主观努力、机遇不同，取得成绩的大小也就不同，这自然会引起家庭、单位、社会的不同反应和评价。当别人取得了较大的成绩，受到社会称赞，当自己的兄弟姐妹生活逐渐改善，日子一天天红火，有些人在心理上就会滋生出一种不愉快的感情，此即为嫉妒。

嫉妒者常常担心对方的成绩和荣誉会造成对自己的威胁，或者出于一种不愿有人超出自己的感情，心理上产生了一种忧惧，行动上就会表现出对对方的冷漠，甚至不惜诋毁对方的成绩，有意无意地散布关于他的流言。这就导致生活中到处都能见到整日钻营、处处投机的小人，个人的私欲总处于无限的膨胀状态。在这样的环境中，就需要人们吸取教训，提高修养水平，用理智来战胜私欲物欲。珍惜亲情，将感情放在第一位；面对身份地位的不公，不要怨天尤人，将此化为努力的动力，若不这样，将亲情难留，富贵难存。

案例

曹植受兄逼迫作七步诗自救

俗话说，家和万事兴。家庭和睦，成员之间关系融洽，才能有更多的精力做事情。但是事实上，也不是所有的家庭都是和睦的，尤其是那些达官显贵之家，兄弟相残、手足相杀的故事还是有的。在叹惜之余，或许我们更应该做的，是让自己在处理手足关系时以亲情为重。

三国时期，曹操去世后，他的次子曹丕即位，而曹丕的弟弟曹植被封为丞相。

曹植很有才华，精通治国理家，说起朝中政事滔滔不绝，且管治有方，因此在朝中很有威信。曹丕把这一切都看在眼里，便对曹植产生了怨恨之心，处处苦苦相逼。众臣也明其中理，阿谀奉承地在皇帝面前说三道四，谣言惑众，建议曹丕先下手为强，斩草除根，以免日后夜长梦多。

曹丕决意趁早动手。不久有一桩造反政事，曹丕假控曹植为主谋，正午时分，曹丕传弟弟曹植到池厅边相见。曹植一到，就被早已埋伏好的卫队挥刀截下。见到曹丕，曹植道："吾兄传我有何贵干？"曹丕道："弟弟有所不知，据我朝重臣之意，闻今日事件起谋者你也。是与其于你所作为？"曹植长叹一声，道："吾兄疑我谋反，谋你河山篡你朝位！如此罪行令吾何以担当？望吾兄明察秋毫！"曹丕不好推辞，只得说："好，看在你我兄弟的情谊，我命你在七步内作出一首咏颂吾与你的情分之诗，但诗内不可见兄弟二字。不矣，休怪吾大义灭亲了！""若我不能在七步内作诗一首，任凭你处置！"曹植胸有成竹地说。"你既言如此，吾们一言为定！"

曹丕说完，曹植便迈出了第一步，突然，他闻到了从远处飘来的阵阵煮豆的香味，灵感阵来，借物抒情，在刚走到第六步时就作下了这首脍炙人口的诗："煮豆持作羹，漉豉以为汁。萁在釜下燃，豆在釜中泣。本是同根生，相煎何太急？"此诗作完，曹植对曹丕说："我们虽有君臣之分，但毕竟是骨肉相连，何必苦苦相逼？手足相残？我无意与你权力相争，无论谁为君主，我都会忠贞不二地跟随，毫无怨言！明枪易挡，暗箭难防。若你要灭我，轻而易举，何必大费周章，先父在九泉之下也难以瞑目啊！”曹丕听之，被驳得无话可说。

曹植不愧为一代才子，作七步诗不仅让曹丕顾念手足之情，还在危急时刻救了自己。斗转星移，皖南事变发生后，周总理也发出“同室操戈，相煎何急”的感叹。和为贵，一个家庭，一个国家，只有内部团结了，才有能力抵抗外部的压力。所以，在面对内部矛盾时，我们需要理性分析，做出合理的判断和决定。姐妹弟兄，同甘共苦，才能在患难之际，彰显出别人难以取代的力量。

原文

从冷视热，然后知热处之奔驰无益；从冗入闲，然后觉从觉闲中之滋味最长。(《菜根谭》)

译文

从热闹的名利场中退出来以后，再旁观那些热衷于名利的人，就会发现在名利场中的奔波劳碌对生活毫无意义；从忙碌的生活中抽身回到闲适的生活环境中，这时才会发现安逸悠闲的生活滋味最悠长。

解读

人们没有从名利场中退出来，就永远不会明白热衷于争名夺利是毫无意义的；不从忙碌中走出来，就永远体会不到恬淡闲适生活的乐趣。

有的人在宁静闲适的生活中往往耐不住寂寞，热衷于对财富和名利的追求，在那种互相倾轧、互相打击的名利场上沉沉浮浮，而最后往往碰得一鼻子灰。这时，他们才会冷静下来，明白自然之乐的真，从而珍惜这种淡泊宁静的生活。

一个正直清高的人，往往不会热衷于争名夺利，更不屑于同流合污，刻意投机钻营。在我们的现实生活中，即使改变不了环境，也要改变我们自己，不要过分执着于名利的追逐，要洁身自好，就算身处名利场中，也要保持我们出淤泥而不染的高贵品格。

案例

华陀专心从医辞官不就

加官晋爵对很多人而言都是一种荣耀，唯恐求之而不得，但是人各有志，高官厚禄对于另外一些人而言，却不是那么重要的，因为在他们看来，还有比从政更为重要更为有意义的事情。华佗有神医的美誉，他其实本是士人，一身书生风骨，曾经弃官不就。

东汉末年，神医华佗的美名在民间传开，引起了东汉朝廷的注意。朝廷于是举华佗为“孝廉”。通常被举为孝廉的人，都出身名门，被举为孝廉，就有希望做官。像华佗这样的平民百姓能够被举为孝廉，实在是难得。

乡亲们得知华佗被举为孝廉，不禁喜忧参半。喜的是华佗可以做官，光宗耀祖了；忧的是如果华佗做了官，谁来为乡亲们看病呢？

很多天过去了，却不见华佗有丝毫离开的意思。“难道消息是假的吗？”有乡亲问华佗。

“不，是真的，”华佗说，“但我拒绝了。举孝廉，对那些不学无术的纨绔子弟来说，也许是做官发财的阶梯，但对我来说，只不过是一个虚名罢了，哪里有我为乡亲们治病更有意义呢！”

几年后，华佗收到一封来自都城洛阳太尉府的征辟信，只要被应征到太尉府，就可以成为朝廷的正式官员。这次乡亲们仍然舍不得华佗，但他们还是打心眼里为华佗高兴。

“这回你可不能再拒绝了，”有乡亲说，“这可是真正的官，你会有府邸、奴仆、家丁，有权有势……总而言之，好处多着呢！吃了这么多年苦，你也该享受一下了。”还有乡亲说这回可以光宗耀祖了。

华佗笑着摇了摇头，说道：“谢谢乡亲们的好意，但我还是决定不做这个官。做官不适合我。况且，我最擅长的是医术，如果周旋于官场，那便是民间少了位良医，官场多了个庸才，于国于民都不是件好事。至于光宗耀祖，我多救几条性命不是更有意义，更对得起华家的列祖列宗吗？”

于是，华佗再次拒绝入朝做官，坚持做一个平民百姓，钻研医术，救死扶伤。

术业有专攻，鱼和熊掌不可得兼，华佗知道自己的所长是医术，毅然辞掉官职，表现出名士风骨。对于我们而言，虽然没有华佗的医术，但是我们可以做到了解自己的长处和短处，在择业时不去随波逐流，冷静分析，做出理性选择，不但会让自己的才华得以发挥，还会更好地为社会贡献力量。

进退卷

第七

原文

路径窄处，留一步与人行；滋味浓的，减三分让人食。此是涉世一极乐法。(《菜根谭》)

译文

在狭窄的道路上行走，要留一点余地让给别人走；遇到美味可口的食物，要留出三分让给别人吃。这就是一个人立身处世最快乐的方法。

解读

虽说有句话叫“狭路相逢勇者胜”，但并不是在一切情况下都是勇者胜利。如果是走在山边的小路上，这时不能两人同时通过，如果谁都不肯相让，那么两人都有坠入深渊的危险，在这种情况之下，就需要先停住脚步，尽量给对方让出足够的空间，让别人先过去，这样最安全，也是一种礼貌。

在享用美酒佳肴的时候，不可以总是一个人独享，要想想周围还有许多不如自己的人，要学会与别人分享，否则就容易引起别人的妒忌而使自己受到攻击。

其实不管是留一步还是让三分，提倡的都是一种谨慎的生活处世方式，也就是我们通常所说的谦让，适当的谦让退步不仅不会招致危险，反而是寻求安宁的一种有效方法。除了一些原则性的问题我们必须坚持外，对于一些小事，或个人利益，相互的谦让退步就会使人身心愉快，使人际和谐。

案例

蔺相如克己恕人令廉颇负荆请罪

俗话说，宰相肚里能撑船。身居高位，姿态自然不同一般，心胸宽广，能够容下天下能容之事。这样的人，为人坦荡，心平气和，修为非常人所能及，所以赢得人们的尊崇和敬佩。三国时期的蒋琬、北宋名相吕端都因度量大而闻名，历史上最具代表性的恐怕就是廉颇蔺相如“将相和”的故事了。

战国时，廉颇是赵国名将，因勇猛善战闻名于各诸侯国；蔺相如在赵国宦官缪贤处做门客。

赵惠文王时，赵国得到了楚国人发现的和氏璧。秦昭襄王要用十五座城邑请求交换和氏璧。经缪贤推荐，赵王派蔺相如带和氏璧入秦。相如捧璧见秦王，看出秦王没有要把城邑给赵国的意思，就借着指出璧上有瑕疵的机会，拿起和氏璧，背靠着柱子站定，声称要与和氏璧一起撞碎在柱子上。秦王不得已，拿出地图，指明要划归赵国的十五座城。相如料定秦王会违约，就派随从偷偷把璧送回赵国。之后，相如将事情如实相告，并表示愿接受刑罚。秦王无奈，让蔺相如回到了赵国。回国后，蔺相如被任命为上大夫。

之后，赵王应秦王之约参加渑池之会，相如陪同。秦王请赵王弹瑟，秦国史官如实记录。蔺相如递上瓦缶，趁势跪下请求秦王敲击。秦王不肯，相如说：“在五步距离之内，我可以把自己颈项里的血溅在大王身上！”秦王的侍从要动手杀相如，相如瞪圆眼睛将其呵斥。秦王只好为赵王击缶，相如召赵国史官记录。回国之后，蔺相如被封为上卿，位在廉颇之上。

廉颇对此感到羞耻，扬言说要羞辱蔺相如。相如听说后，不肯和廉颇碰面，不愿和廉颇争位次。一次，相如出门，远远看见廉颇，就掉转车头避开他。门客们不解，蔺相如说：“以秦王那样的威态，我却敢在秦国的朝廷上呵斥他，羞辱他的群臣。相如虽然才能低下，难道只是因为害怕廉将军才躲避他吗？强大的秦国不敢轻易对赵国用兵，只是因为赵国有我们两个人在啊！现在如果两虎相斗，势必不能共存。我之所以这样做，是以国家之急为先而以私仇为后啊！”

廉颇知道后，脱去上衣，坦露上身，背着荆条，到蔺相如门前请罪，说：“我这个粗陋卑贱的人，想不到将军宽容我到这样的地步啊！”

将相二人最终和好，成为生死与共的朋友。

蔺相如以自己的宽容谦让、高瞻远瞩的为人，与廉颇心胸狭隘、目光短浅形成了鲜明的对比，孰是孰非也在故事的最终给出了结论。做人要大度，面对眼前利益，懂得让人三分；面对狭窄的小路，知道让人先行；面对满席佳肴，想着赠出几分给饥寒之人。这不仅是对别人需要的满足，更是对自己品德的培养、人格的完善。由此，今天社会上出现许多慈善组织，大概与这种观念不无关联。作为普通人，我们可能没有力量去成立慈善组织，但是我们有能力为之增一分力、有能力让自己发一分光。如此，自己的内心世界也会感到快乐和满足。

原文

处世让一步为高，退步即进步的张本；待人宽一分是福，利人实利己的根基。(《菜根谭》)

译文

为人处世的时候遇事能够退让一步才算高明，因为让一步就等于是为日后进一步做好了准备：而待人接物的时候能拥有宽厚的态度才是福乐，因为给别人提供方便实际上也是为日后给自己留下方便打基础。

解读

为人处世让一步是高明的，也是一种智慧，它表现出了气节的崇高和道德的高尚。因为有时的退让和宽容可能是建立在自己痛苦的基础上，这也不必过多计较，这种态度，是人们修养品德和心性的方向。一个不能吃苦的人万事难以功成，苦尽甘来乃是不变的真理。名利地位虽然能鼓励人奋发向上，但如果过分重视名利，有时也会给人带来无限苦恼。“让一步”“宽一分”的处世原则是把苦留给自己，把功名给别人，这种牺牲精神可以求得自我的精神慰藉，也可以赢得世人的敬重，反过来这种敬重也是一种得，自己以后才会有所进步，左右逢源。

以宽容之心对待别人，大度原谅别人的小过错，就能用微笑融化他人的怨恨，化干戈为玉帛。在这个世界上，少一个对立面，就会多一个朋友。以宽广的胸襟，赢得别人发自肺腑的尊重和爱戴，在自己遇到困难的时候，就能得到他人热忱的帮助。这难道不是与人方便，自己也方便吗？

案例

晋文公退避三舍让楚军

谦虚忍让是中华民族的一种美德，但是，随着历史的发展，有人对谦让的理解发生着变化，因为谦让本身有懦弱之嫌。实际上，忍让是包容别人，是一种气度；忍让又让自己处事更为冷静，不失为一种智慧之举。即便是在历史上，让人三分的故事也是屡见不鲜的，在让与退中，庸人看到的是怯懦，而智者看到的则是得与进。晋文公退避三舍的故事说的正是这个道理。

春秋时期，晋国内乱，晋献公听信谗言杀了太子申生，又派人捉拿申生的弟弟重耳。重耳闻讯，逃出晋国，在外流亡十九年。重耳住在楚国期间，楚成王认为重耳日后必大有作为，以国宾之礼相待。

一天，楚王问重耳："你若有一天回晋国当上国君，会怎么报答我呢？"重耳略一思索说："美女侍从、珍宝丝绸，大王你有的是，珍禽羽毛、象牙兽皮，更是楚地的盛产，晋国哪有什么珍奇物品献给大王呢？"楚王说："公子过谦了。话虽然这么说，可总该对我有所表示吧？"重耳笑笑回答道："要是托你的福，果真能回国当国君的话，我愿与贵国友好相处。假如有一天，晋楚之间发生战争，我一定命令军队首先后退九十里。如果这样还是得不到你的原谅，我再与你交战。"在场的楚国大将子玉听了重耳的话，知道他将来必成大器，建议楚王杀死重耳，以除后患，却被楚王拒绝了。

几年以后，重耳在秦国的帮助下，果然回到晋国当上了国君，就是晋文公，晋国在他的治理下日益强大。

公元前633年，楚国和晋国的军队在战场上相遇。晋文公为了实现他许下的诺言，命令军队后退九十里（古代三十里为一舍），驻扎在城濮。将士们大惑不解，晋文公则说："行军打仗理直气壮方能获胜，如今我们主动后退，楚国便输了理。他们再主动进攻，我们的士兵反击时，必定心中有气，士气高涨，何愁打不赢这一仗呢！"楚军见晋军后退，以为对方害怕了，马上追击。晋军利用楚军骄傲轻敌的弱点，集中兵力，大破楚军，取得了城濮之战的胜利。

晋文公以退为进，既兑现了自己当年的承诺，又激起了晋军的士气，城濮之战以少胜多，在意料之外，又在情理之中。就我们自身而言，在为人处世时，不能处处要求别人，而应该审视自身，看看自己能否退一步，让一步，给别人机会，让自己成长。如此，人人做到处处谦让，那么这个世界自然更加美好。

原文

事事留个有余不尽的意思，便造物不能忌我，鬼神不能损我。若业必求满，功必求盈者，不生内变，必召外忧。(《菜根谭》)

译文

做任何事都要留有余地，不要把事情做得太绝，这样即使是造物主也不会嫉妒我，神鬼也不会伤害我。如果事事都要求尽善尽美，一切功劳都希望登峰造极，即使不为此而发生内乱，也必然会招致外患。

解读

世间的万事万物有如浮云，循环往复，瞬息万变。而人生变故，就好像水流，事盛则衰，物极必反。既然生活如此，为人处世就应处处讲究恰当的分寸。凡事都留有余地，才能避免走向极端。

人们如果凡事都求全求美，绞尽脑汁企图来达到这个目标，就很容易走向事物的反面。无论任何事都不要过于奢望登峰造极，因为有上坡就必然有下坡，也就是有上台必然有下台的一天，事情到了一定的限度必然发生质的变化。一件事成功了如果不及时总结，保持清醒头脑反而骄傲自满，沉溺在过去的成功之中，那么就可能使事情停止不前甚至倒退。

从另一个方面来讲，功业不求满盈，留有余地，也是一种处世方法。比如对于置钱财家业，求多求尽，对于功名地位，求高求上，不知急流勇退，不知保持人的本性而成为守财奴，不知预先留几分余地才会安全，这都会给自己遭来祸患，萧何入狱，韩信受诛，张良却得遨游于天地间；岳飞功高震主被谗害，韩世忠识退安享晚年，这些都是历史的教训，值得深思。

案例

曾国藩一把折扇化解干戈

面对一些进退两难的问题，很多人束手无策。不妨，我们回到古代，到传统的典故逸事中去寻找先人的智慧，或许从中，我们能够受到启发，让自己在遇到颇具矛盾性的事情时从容应对。晚清“中兴四大名臣”之一的曾国藩在为官期间，一些亲朋好友难免有些万难之时有求于他，其中不乏一些实有冤屈之事。却之，于情于理不忍，助之，又恐落下干预地方事务或倚势凌人之嫌。曾国藩巧妙地做出那种“道似无情却有情”“醉翁之意不在酒”的取意相助之举，给别人留下充分回旋的余地。“一把折扇”的故事就很好地说明了这点。

同治年间，曾国藩时任两江总督，一位忠厚的农民与人发生纠纷，对方仗着有钱有势，硬将一坟迁到农民家的祖坟上，官司由衡阳县打到衡州府，总是对方占上风，老人想上吊自尽，在别人提醒下，他想起了自己在南京做两江总督的干儿子曾国藩。

老人到两江总督的衙门前，被衙役拦住，恰巧曾国藩出门，老人叫“宽一！”听到家乡口音，曾国藩连忙下轿，又惊又喜地把老人家迎进府中。

进宅之后，曾国藩也不等他说明来意，就热情招待酒饭，并嘱咐人陪他干爹在南京好好玩，老头儿哪有心思游览，仅玩了三天就对干媳妇细说了来意。欧阳夫人待曾国藩办完公事后，说起干爹之事，曾国藩叹道：“我也知晓干爹是个本分人，但我不能干预地方官的公事啊，容我考虑考虑吧！”

第二天，正逢曾国藩接到奉谕升官，南京的文武百官都来贺喜。曾国藩设宴招待，并把干爹尊为上席，说：“干爹一生勤劳，不愿在南京住，执意要返乡里，我准备送干爹一个小礼物，列位看得起，请在扇上题留芳名，做个永久纪念。”大家放下盅筷，见折扇上款是“如父大人侍右”，下款是“如男曾国藩尽献”。大家有的签名、有的题诗，不一会儿折扇两面写得满满的，曾国藩仍用红绫包好放入盒内，老人起身向各位作揖致谢。

席终客散，老头捧着红绫包唠叨：“宽一呀宽一，一张二指条子不写，在这玩物写得再多，我也不领情。”欧阳夫人说它能逢凶化吉，老头半信半疑，即刻返回乡里。

刚到家里，衡州知府升堂，老头儿手执折扇走了进去。那个时代，被告打官司，手执扇是藐视公堂，要受惩罚的，“把扇子丢下！”衙役喝令，老头儿只装没听见，一衙役夺过便丢在地上，“丢不得，这可是我干儿子送的。”知府大怒“放肆！拿上来！”看后，细细打量他一番，便一声令下“退堂！”

据说，知府不仅把折扇恭恭敬敬退还，而且老人家还受到知府的款待。曾国藩一把折扇“醉翁之意不在酒”，名为亲情，实则相助，意在让地方官给面子，却给对方留有余地，同时也给足了亲人的面子，又让自己免于干涉地方公务之嫌，曾国藩谋事之深虑事之远不可谓不高明。难怪被称晚清第一名臣、千古完人、官场楷模。曾国藩之所以能够获得如此美誉，与他做事善于给别人留有回旋的余地是分不开的。人生在世，话不可说得太死，行不可做得太绝，处处懂得给别人留有余地，无形之中会赢得对方的好感，对自身的发展大有裨益。

原文

建功立业者，多虚圆之士；偾事失机者，必执拗之人。(《菜根谭》)

译文

能够建大功立大业的人，大多是处世谦虚圆通，能灵活应变的人；容易失败抓不住机会的人，必然是那些性格倔强固执的人。

解读

在现实生活中，大多能建立丰功伟业的人，必定在待人用人方面有非常成功的个人见解。如果没有大家的支持和拥护，又怎么可能有大业。所以良好的人际关系是事业成功的基础。

要建立良好的人际关系，在为人处世上就要懂得适度的圆滑，灵活多变，但也要把握好这个度，圆滑不宜太过，否则就容易事事迎合别人的意图，靠阿谀媚人来取悦别人，不仅丧失了自己独立的人格，也会招人厌烦。同时，还要培养我们谦虚随和的个性，不执拗，不偏激。遇事不要怨天尤人，要多从自己的处世方法上找原因。

成大事的机遇对于每个人来说都是公平的，谁发现得早，谁掌握先机。固执己见的人往往被自己的执拗、自己心中固有的定式迷惑，而很难看到外面的变化来调整自己，从而错失良机。所以做人要多圆通一点，要不断调整自己来顺应时势的发展。

案例

纪晓岚机智幽默化险为夷

纪昀，字晓岚，历雍正、乾隆、嘉庆三朝，官至礼部尚书、协办大学士，清代文学家，曾任《四库全书》总纂修官，撰写了《四库全书总目提要》，代表著作《阅微草堂笔记》。纪昀见多识广，学富五车，机敏善辩，“铁嘴”一张，无人能对。他与乾隆皇帝的斗智故事也颇为知名，其中便有这样一个故事。

相传纪昀编纂《四库全书》时，因为长得胖，每到盛夏都很怕热。但是按照君臣礼仪，见皇帝时，即使是大热天，官员也得穿戴整齐，不能有丝毫失礼之处。因此一到夏天，纪晓岚的日子就不好过。

纪晓岚经常是见过皇帝后，回到南书房就连忙脱衣纳凉，凉快一阵后才穿衣出宫。乾隆皇帝知道后，想找机会戏弄他。

这天，纪晓岚在养心殿见过乾隆后，回到南书房时全身的衣服都湿透了。他连忙脱去衣服，与几位同僚打着赤膊，一边扇扇子一边谈笑风生。正在高兴的时候，乾隆皇帝突袭检查来了。

众人一见，吓得慌忙披起官袍，跪伏在地。纪晓岚是个近视眼，直到皇帝走到面前才看见，这时披衣也来不及了，赶忙伏到桌子底下，不敢抬头。乾隆一见，心中暗笑，不动声色地在一张椅子上坐了下来，不说话也不走。

别人跪在地上还可以忍受，纪晓岚伏在桌子底下实在热得吃不消，便从桌子底下伸出头来问：“老头子走了吗？”

乾隆皇帝一听觉得好笑，却佯作恼怒的样子，大声喝道：“纪晓岚无礼，竟敢说出这种无礼的话！没穿官服还可饶恕，‘老头子’三字做何解释？你说得有理倒也罢了，说不出理来，定斩不赦！”

纪晓岚不慌不忙地说：“臣尚未穿衣，不好回话。”乾隆叫人拿衣服给他穿上。纪晓岚穿好了衣服，乾隆又问：“为何叫朕‘老头子’？快说！”

纪晓岚从容答道：“万寿无疆之为老，顶天立地之为头，父天母地之为子。”

乾隆皇帝一听哈哈大笑，说：“好！好！算你才思敏捷。”就这样，纪晓岚靠一番灵活机智的辩解化险为夷。

不愧是清朝有名的大才子，纪晓岚的确机智过人。即便如此，纪晓岚在

《八仙对弈图》的题诗中有云:“十八年来阅宦途，此心久似水中凫。”可见在内心深处，他对于宦海沉浮的感受。纪晓岚功成名就之后流芳百世，除了一身才气，与他风趣幽默、机智灵活的个人魅力是分不开的。同样，对于我们而言，想要在人才济济的职场中占有一席之地，除了要有过硬的本领外，较强的应变能力、较好的人际交往能力都是必不可少的。

原文

处世不宜与俗同，亦不宜与俗异；做事不宜令人厌，亦不宜令人喜。(《菜根谭》)

译文

处世既不能流于庸俗以至与坏事同流合污，也不要标新立异故意与众不同，行事既不可以处处惹人讨厌，也不能凡事都为了讨人欢喜而博取别人欢心。

解读

在人际交往中，要准确把握处世行事的尺度是很难的，因为这既需要良好的道德水准，还要有丰富的人生经验做基础。我们不仅不能与人同流合污，不阿谀奉承权贵，还要尽量避免小人的打压排挤；我们也不能标新立异或者故作清高来吸引人的眼球，让常人觉得自己是个怪物，以至于人见人厌。君子不惧怕小人作恶，但也应当保持自己的人格而不哗众取宠。

君子要处人世持美德，做事情不要讨人厌恶，如果处处讨人厌恶，则人们都不愿同他接近，做事就无人帮助，事业也绝不会成功。做事情也不要为了讨人欢心而故意去逢迎别人，因为事业不是一人之力所能成就，会与很多的人发生关系，你不可能让每一个人都满意，如果为了让某些人满意而违背自己的意旨去迎合别人，那也做不出什么有益的事情来。

想要做到既不讨人厌恶，也不讨人喜欢，能够处于中庸之道不即又不离，这样才是真正的处世要道。

案例

张仪纵横捭阖赢得楚国宫廷信任

“行成于思毁于随”，随波逐流会失去自我；“举世皆浊我独清，众人皆醉我独醒”，特立独行又过于强调自我。直言不讳容易招致别人厌烦；曲意逢迎容易失去自尊。为人处世做到恰到好处，需要把握好自己的度。中华民族处世讲究中庸之道，千百年来，能够将中庸之道运用自如的人也不在少数。战国时期，纵横家叱咤风云，张仪便是善于处理人际关系、外交关系的纵横家之一。

在客居楚国期间，张仪看到楚王对自己的态度愈来愈冷漠，甚至在侍从中也能听到不满之声。南后和郑袖很受楚王宠爱，在楚国地位尊贵。张仪心生一计，求见楚王。

张仪前去拜见楚王，楚王不高兴。张仪说：“大王不用我，我就到北方去见韩王。”楚王说：“好吧！”张仪说：“难道大王对韩国没有什么要求吗？”楚王说：“黄金、珍珠、玑珠、犀革、象牙都出自楚国，我对韩国没有什么要求。”张仪说：“大王不好女色吗？”楚王说：“什么意思？”张仪说：“那郑国和周国（韩国属国）的女子，打扮得十分漂亮，站在大街巷口，如果不知道，初次见她的还以为是仙女下凡。”楚王说：“楚国是一个偏僻的国家，从来没有见过中原的女子这样美丽的，我怎么就不好色呢？”于是赠送给张仪珍珠、玉器。

南后和郑袖知道此事，大为吃惊，派人对张仪说：“我们听说您要到韩国去，我这里有金千斤，送给您作为养马的草料钱。”郑袖也给了张仪金石五百斤。

张仪辞别楚王，说：“诸侯相互阻隔，道路不通，不知何时再能见到大王，希望能与大王饮酒作别。”楚王说：“很好。”于是设宴与张仪对饮。酒至半酣，张仪一拜再拜，请求说：“这里没有外人，希望大王邀集左右亲近一块畅饮。”楚王说：“好。”于是找来南后和郑袖，一起饮酒。张仪又再拜请罪，说：“我对大王犯有死罪。”楚王说：“这是为什么？”张仪说：“我走遍天下，从来没有见过像南后、郑袖二位这样的美人，我却说要为您找美人，这简直是欺骗大王啊！”楚王说：“您就不必挂心了。我本来就认为天下的美女谁也比不上她们两人。”

可见，张仪不仅将纵横捭阖运用于各国之间，也同样将其运用于人物之间，面对自己的尴尬处境，他抓住不同人物的心理，巧设计谋，既没有同流合污、特立独行，也没有单刀直入、奴颜婢膝，不仅让自己受到重视，还赚得盆满钵满。这不能不说是得益于中庸的处世之道。在复杂纷繁的人际交往中做得恰到好处，也是值得我们深思的问题，不偏不倚、不即不离大概是其中的精要之处。

原文

十语九中未必称奇，一语不中则愆尤骈集；十谋九成未必归功，一谋不成则訾议丛兴，君子所以宁默毋躁，宁拙无巧。(《菜根谭》)

译文

即使十句话你能说对九句也未必有人会称赞你，但是假如你说错了一句话就会接连受到别人的指责；即使十次计谋你有九次成功也未必归功于你，但是只要有一次失败，埋怨和责难之声就会纷至沓来。所以君子宁肯保持沉默寡言的态度，也绝不要冲动急躁，做事宁可显得笨拙，也绝对不能自作聪明显得高人一等。

解读

“天不言自高，地不言自厚”，“言多必失，沉默是金”，做得多，说得多，不能说明贤，做得少，说得少也不能说明愚。因此有很多干的不如不干的，说的不如不说的就是这个道理。因为你去做了，你的不足就会显现出来；你说了，你思想上的不足就会暴露出来；你做得越多，树立的矛头也就越多，遭到的非议也就越多，因为你损害了某些人的利益，妨碍了他们成功。一旦你有了什么过失，马上就会成为众矢之的。

俗语里说“好事不出门，坏事传千里”，因为人们都会有嫉妒之心，看到你有光彩的事就矢口不提，结果就使这种好事遭受尘封和冷冻，以致永远无法让世人知道。反之，一旦你做了一件坏事，在人们幸灾乐祸的心理驱使下，立刻就会一传十十传百，很快所有人都知道了。所以我们要懂得“谨言慎行”的道理，要有一点冷静的心，遇事后深思熟虑才说才做，要懂得明哲保身。

案例

刘备韬光养晦破解曹操疑心

古语说，大智若愚，大巧若拙。拥有大智慧的人因超出常人往往不被理解，言语行为在别人眼里好像很愚钝；真正聪明的人，从不显露自己，表面看来好像很笨拙。正是因为愚钝、笨拙的假象，这些聪慧之人以低调为人处纷争之世，在茫茫人海中使自己的才能、志向得以隐藏，雄才大略才在最佳时机得以展示。

三国时期，曹操位居汉相，势力强大，野心勃勃，挟天子以令诸侯。汉献帝极为恐惧，秘密下诏给国舅董承，设计谋杀曹操。董承联络刘备聚义图谋，刘备参与其中。当时，刘备为豫州牧，势力弱小，被曹操安排在相府左近宅院居住，实际上受到监视，随时有被杀的可能。在这种情势下，刘备只能日日在后园种菜，以此为韬晦之计。

一天，曹操请刘备喝酒聊天。曹操生性多疑，刘备心里也稍有不安，提醒自己要处处小心。虽然一度贫困潦倒，但刘备依旧掩盖不了自己的大贵之气。曹操和刘备聊得很开心，忽然问刘备：“玄德兄，你说现在谁是英雄？”

刘备心里想：“我肯定是英雄，只是现在不得已。”刘备想了想，环顾左右而言其他。曹操有些不耐烦，端起一杯酒喝完就说：“现在天下真正的英雄人物就是你跟我。”

这时，天上“轰隆”一声打了个巨雷。刘备呆呆地看着曹操，筷子掉到了地上，一支筷子还在地上弹了一下。

曹操正用袖子擦胡子上的酒，听到了筷子落地又弹起的声音，就问刘备：“怎么啦？”

刘备赶紧把筷子捡了起来，顺口说了句：“这么大的雷，吓死我了。”曹操哈哈一笑：“大丈夫怎么可以怕雷呢？”刘备赶紧接口：“孔子是圣人，他也怕打雷，别说我了。”

此时张飞关羽两人闯了进来。见刘备没事，关羽连忙掩饰说自己来舞剑助兴。曹操说：“这又不是鸿门宴。”然后斟酒让他们压惊。

后来三人一起出来，刘备说："我天天种菜，就是要让他知道我胸无大志，没想到刚才曹操竟说我是英雄，吓得我筷子都掉了。又怕曹操生疑，所以就说自己怕打雷掩饰过去了。"关羽张飞佩服得不得了。

不愧为一代枭雄，刘备在危急关头巧妙地借助"天时"之利——巨雷之声，成功地掩饰了自己内心深处的震惊和慌乱，大勇若怯，把自己的雄才伟略用胆怯到害怕巨雷声响掩饰起来，成功地化解了曹操心中的疑虑，使自己虎口脱险。生活当中，谨言慎行对于我们而言至关重要。低调做人，让自己看上去很普通，如变色龙一般，让自己的外表与周围环境相融合，才能让自己拥有安全的防护栏，在这层屏障的保护之下，我们内心的才华、抱负才有施展的机会和可能。

原文

人情反覆，世路崎岖。行不去处，须知退一步之法；行得去处，务加让三分之功。(《菜根谭》)

译文

人世间的冷暖变化无常，人生道路崎岖不平。当你遇到困难走不通的时候，要明白退一步的方法；当你事业一帆风顺的时候，一定要有谦让三分的胸襟和美德。

解读

“世路风霜，吾人炼心之境也，世情冷暖，吾人忍性之地也。”人的感情是复杂无比、变化无常的，所以人心的变化也是层出不穷，可能今天你认为是美好的东西明天就觉得很丑陋。人生的道路也多艰难险阻，处处充满陷阱。所以要学会谦让，不能处处都去争强好胜、出风头，在得意的时候要学会把功劳让与别人一些，不要居功自傲、得意忘形。

人生之路高低起伏，曲折不平，当你遭遇挫折行不通的时候要学会停下来总结经验教训，当你仕途畅达的时候，要懂得退让和宽容，不要忘记去帮助那些贫苦的人，这样也可以为自己消除一些可能出现的祸患，已得的福泽也才能久远。

为人处世要懂得宽厚，知道退一步的方法，明白让三分的功劳，这不仅可以求得自我的心灵的宽慰，也可以赢得别人的尊重，这应是我们修养品德和心性的方向。

案例

王守仁顾全大局退步让功

自古以来，急功近利容易使人迷失，也容易给自身招致祸患；而谦虚礼让则容易受人敬仰，毕竟，功名利禄都是身外之物，淡泊豁达方显智者风范。历史上不乏为名利所累的故事，也不乏淡泊名利的人物，两相比较，我们不难发现，为人处世，还需从大处着眼，做到豁达谦让。

王守仁，幼名云，字伯安，别号阳明。浙江绍兴府余姚县人，自号阳明子，学者称之为阳明先生，亦称王阳明。明代著名的思想家、文学家、哲学家和军事家，陆王心学之集大成者，精通儒家、道家、佛家。晚年官至南京兵部尚书、都察院左都御史。因平定宸濠之乱而被封为新建伯，隆庆年间追赠新建侯。

明朝正德年间，朱宸濠起兵反抗朝廷。王阳明率兵征伐，一举擒获了朱宸濠，为朝廷立了大功。但是当时受皇帝宠信的江彬十分嫉妒王阳明的功绩，认为他夺走了自己建功立业的机会，四处散布流言："最初王阳明和朱宸濠是同党，后来听说朝廷派兵征伐，才抓住朱宸濠自我解脱。"王阳明听到这个消息之后，就与总督张永商议道："如果退让一步，把擒获朱宸濠的功劳让出去，就可以避免不必要的麻烦。假如坚持下去，不做妥协，江彬等人很可能狗急跳墙，做出伤天害理的事情。"于是，他将朱宸濠交给张永，使之重新报告皇帝：擒获了朱宸濠，是总督军门和士兵的功劳。如此一来，江彬等人无话可说。

王阳明称病到净慈寺修养。张永回到朝廷之后，大力称颂王阳明的忠心和让功避祸的高尚之举，皇帝终于明白了事情的始末，当即免除了对王阳明的处罚。

至此，我们不难理解，王阳明官至新建伯，固然是因为自身的才干，但与他宽厚为人、隐忍谦让的处世态度也是分不开的。与王阳明相比，那些恃才傲物、居功自傲的人显得那么狭隘。对于今天的我们而言，生活在竞争尤为激烈的社会，各种压力有增无减，王阳明这种胸襟值得学习，心若宽了，压力小了，路自然就广了。

原文

立身不高一步立，如尘里振衣，泥中濯足，如何超达？处世不退一步处，如飞蛾投烛，羝羊触藩，如何安乐？（《菜根谭》）

译文

立身处世如果不能站得高看得远一些，就好像在飞尘里抖落衣服上的尘土，在泥水里洗濯双脚，又如何能超凡绝俗出人头地呢？处理事情如果不知道退一步的道理，就好比飞蛾去扑灯火，公羊去顶撞篱笆被卡住犄角，怎么能使自己的身心摆脱困境而感到愉快呢？

解读

谦让的品德不是要人无原则地退让，而是要建立在立大志，起点高的基础之上的。一个人立志要高，心地要宽，不能像一般无知无识之辈一样带着世俗的成见，否则就如同凡夫俗子一般，终身在尘埃泥淖中打滚，难以超凡绝俗，有所成就。所以我们要给自己设定一个高远的目标来不断地提升自己，这样才能见到外面更广阔的世界。

树立远大的理想，站得更高，走得更远的人，无不有一颗谦让的胸怀。真正的谦让是做事要认清客观形势，不鲁莽，不盲目，让一步只是为了以后能进两步。这样的处世态度不仅可以修养自己的身心，让自己比一般人站得高，看得远，更能赢得和谐的人际关系。

案例

朱冲宽容谦让塑就一方好风气

俗话说，忍一时风平浪静，退一步海阔天空。足见古人对于忍让在人际交往中的重要性。忍让别人说起来容易，但是事实上，却没有几个人能真正做到。但是回首沧桑历史，有那么一些人，他们用谦让成就自己的品质，也照亮了周围人们的心灵。

西晋时，南安郡有位以谦让闻名于世的人，他便是朱冲。据历史记载，朱冲字巨容，安贫乐道、隐逸不仕。他年轻时就注重德行修养，闲静寡欲，好学上进。但因家境贫困，一直过着半耕半读的日子。他宽容谦让，厚德载物，以自己的行为影响着乡村。

一次，邻居家的牛犊跑丢了，误把他家的牛犊牵了回去。后来，邻居无意中在树林里找到了自家的牛犊，才把误认的牛犊还到了朱冲家，邻居红着脸，做好了挨一顿批评的准备，谁知朱冲却没有横加指责。还有位村民放纵自家的耕牛大肆踩践朱冲家的庄稼，朱冲发现之后，主动地在路边备草喂养这些暴牛，喂饱之后便像什么都没有发生一样把这些牛送回去，从来没有出现过怨恨的神色。时间长了，耕牛的主人羞惭难当，于是就严加看管，不再让耕牛破坏朱冲家的庄稼了。

成宁四年（278 年），晋武帝下诏征举贤良，地方官府把朱冲推荐上去，朝廷拟任朱冲为国子博士，他称病不应征诏。不久，武帝又颁诏书，再次延揽，诏书说："东宫官员也要选择那些履蹈至行、敦悦典籍的人，任命朱冲为太子右庶子。"每次听到征书下达，朱冲便逃入深山。当时的人们认为他是属于梁鸿、管宁一样具有名士之风的人物。

朱冲生活的地方与羌族人接壤，羌族人有尚武强悍、不耻寇盗的习俗，但附近的羌族人对朱冲却像对君王一样尊敬，因为他的礼让品格不仅影响了本民族，还让羌族人赞叹不已，这样，朱冲所居之地的风气发生很大变化，人们路不拾遗，村落中也没有行凶的恶人。

中华民族不愧为礼仪之邦，谦虚礼让也是诸多优秀品质之一，正是因为对别人的忍让，才给自己的内心留出一片蓝天。一忍一让之间，方显人的胸怀；一谦一退之中，铸就人的品格。谦让为人，无人不敬；礼让处世，无世不立。

原文

爽口之味皆烂肠腐骨之药，五分便无殃；快心之事悉败身丧德之媒，五分便无悔。(《菜根谭》)

译文

可口的山珍海味，吃多了其实都是伤害肠胃害人的毒药，如果控制住自己吃个五分饱身体就不会受到伤害；称心如意的好事有时是引诱人们走向身败名裂的媒介，所以凡事不可强求心满意足，保持在差强人意的限度上就不至于懊悔。

解读

我们不管做什么事情都要懂得适可而止，万事留点余地才好回头，但有的人往往经不住诱惑。很多人一遇到香甜可口的美味，就不顾一切地拼命多吃，结果把肠胃吃坏，受病痛之苦。有的人事事强求完美，为了追求成功无所不用其极，到最后弄得个身败名裂，惨淡收场。

聪明的人注重养生之道，知道营养不良固然不行，吃得太多也绝非好事，懂得五分饱就好了。做人也是一样的道理，有些看起来让人高兴的事情，实际上却暗藏祸患。所以我们在春风得意的时候一定要保持一颗清醒的头脑，凡事不可以强求让所有人都满意，更不能用一些见不得人的手段而强取成功，这样我们才不至于为一时糊涂而犯下的错误懊悔不已。

案例

鲁国贪图一时之利受制于齐

凡事都应适度而行，一味贪图好的东西，物极必反，再美好的东西量过于多了，也会出现不利的一面。反之，坏的事情发展到一定阶段，也可能出现好的转机，所谓否极泰来，说的正是这个道理。有好事的时候，需保持冷静的头脑，如果被利益冲昏头脑，就容易迷失，造成在历史上，也不乏这样的事例。

春秋时期，齐国和鲁国相邻，表面上友好往来，其实则不然。齐桓公忧心忡忡地对管仲说："现在鲁国发展很好，长此以往，总有一天要超过我们齐国。你有什么办法对付鲁国吗？"管仲胸有成竹地说："这好办，从明天开始，大王和众大臣只穿鲁缟（鲁国生产的一种绢布）做的衣服就行了。"齐桓公将信将疑，还是按照管仲的建议去做了。

很快，齐国掀起一股以穿鲁缟为荣的潮流。管仲还下令禁止齐国人织缟，所有布料全部从鲁国进口。鲁缟供不应求，价格猛增。鲁国人见织缟有利可图，一窝蜂地织起缟来。管仲还派人张贴公告：鲁国商人给齐国贩来一千匹缟，可以获得三百金；贩来一万匹，可以得到五千金。顿时，鲁国上上下下，"家家纺机响，户户忙织缟"，鲁国人都沉浸在发财的梦想中。

一年以后，管仲突然下令停止进口鲁缟，任何人不得从鲁国购买任何纺织品。听到这个消息，鲁国人全傻了眼，堆积如山的鲁缟再也卖不出去半尺。更糟糕的是，由于鲁国人都忙于织缟，农田全都荒芜了，粮食严重短缺，家家户户只好盯着满屋子的鲁缟饿肚皮。鲁庄公无奈，只好派人到齐国去采购粮食。管仲把粮价一提再提，最后几乎把鲁国的国库都给掏空了。鲁国受此打击后，一蹶不振。

管仲"不战而屈人之兵"，齐桓公问管仲如何想到此法，管仲笑道："是贪心导致鲁国人自困。当一个人被眼前利益蒙蔽、诱惑的时候，他怎么还能看到更远、更深的利害关系呢？"

眼前利益固然重要，但是人只有把眼光放长远些，才能做出合理的选择。利令智昏，在利益面前，人们往往被冲昏头脑，难以冷静下来，用理性的思维判断是非。乐极生悲，得意时，需愈加谨慎，看到危机，把握好其中的"度"，才是智者的选择。所以，作为平常人的我们，还需保持一颗平常心，看待平常生活。

原文

锄奸杜倖，要放他一条去路。若使之一无所容，譬如塞鼠穴者，一切去路都塞尽，则一切好物俱咬破矣。(《菜根谭》)

译文

铲除邪恶之徒杜绝投机取巧的小人，要给他们留一条改过自新的生路。如果逼得他们毫无立足之地，那就好像为了消灭一只老鼠，而把老鼠的一切逃路都给堵死了，那么一切好东西也都会被老鼠咬坏了。

解读

在古代军事作战中，当你包围了敌人军队的时候，智者都知道千万不要逼得太紧，一定要留个缺口，给敌人留一条生路，使他能够从那里逃跑，否则，敌方看到没有任何生路了，就会殊死搏斗，那时己方的损失就会大大增加。对待作恶的人也是一样的道理，要给他们留一条活路，为他们留一些改正的机会和希望，这样才不至于把他们逼上绝路做困兽之斗。就好像为了抓一只老鼠而堵死了所有的出路，老鼠穷极反而咬坏了所有的好东西，结果得不偿失。

万事万物都不是绝对的，都是相对变化的，好事和坏事、好人和坏人也是可以相互转化、相互制约的。所以，在与恶人的交往中，我们不能将他们一竿子打死，要区别对待，给他们一些改过自新的机会，既是为他们好，也是为自己好。

案例

朱棣网开一面不战而胜北元军队

大凡有所成就的人，大多在某些方面胜人一筹，他们看待事情的角度不同于周围的人，所做的决定往往超乎寻常，在大家不解的目光中，结果也出乎大多数人的意料。明成祖朱棣在朱元璋诸皇子中崭露头角，一次重量级的事件便是他在一次率军北征中成功招降北元太尉乃儿不花。

明洪武二十三年（1390年），燕王朱棣率军寻找北元的军队，冒着大雪长途跋涉几天，终于找到了北元军队，并神不知鬼不觉地插到了乃儿不花（北元太尉）营地附近。让所有人没有想到的是，朱棣没有发动进攻，而是命令大军在此安营扎寨，埋锅做饭。朱棣的副将急匆匆地去见朱棣："大军远道而来，已经接近元军，而且元军没有任何准备、毫无提防，这是歼灭元军的最佳时机，为何滞留不前呢？"朱棣听了笑了笑，说："我定有打算，吩咐下去，安顿好军队。"

安顿好军队后，朱棣一边派观童去元军大营见乃儿不花，一边命令所有的将士，待观童到了元军大营时就开始磨刀。观童按朱棣的吩咐到了元军大营，并将明军的政策告诉了乃儿不花，劝他投降。乃儿不花听了，不假思索地同意归降。观童将这一好消息告诉了朱棣，高兴之余，他又奇怪：乃儿不花爽快地答应投降，是不是其中有诈呀？于是，他提醒朱棣千万要小心。朱棣听了，胸有成竹地说："你多虑了，这种结果在我的预料当中。你想想，明军如若全力进攻，元军所有的将士早已人头落地。明军之所以按兵不动，埋锅做饭，就是要告诉元军，我军是有备而来；没有直接发动进攻，是在给他们活命的机会。还有，你刚才面见乃儿不花时，有没有听见明军的磨刀声？再不归降，明军的磨刀石就换成他们的脑袋了。我相信过不了多久，乃儿不花定会前来归降。"

果不其然，乃儿不花很快就来投降，朱棣亲自在大营外迎接，以招待贵宾的礼仪来款待他，乃儿不花十分感动，回营后立即召集人马列队归降明军。就这样，朱棣圆满地招降了元军。

面对有利时机，很多人都会选择尽全力消灭敌人，可朱棣毕竟是朱棣，他审时度势，做出了让双方损失最小的决定：元军已是囊中之物，如若再发动进攻，不但自己的大军会有所损伤，元军更会死伤惨重，那样的结果是他不想也不忍心看到的。朱棣网开一面，给元军一个不进攻而又不得不投降的假象，双方没有损伤一兵一卒，明军不战而胜，壮大了实力，朱棣在众人面前也赢得了赞誉。对于我们而言，凡事给人留一条后路，不仅是对别人的宽恕，也会让自己的内心更加坦然，从这个意义上讲，宽恕别人也不失为对自己的一种宽恕。

藏拙卷

第八

原文

君子之心似天青日白，不可使人不知；君子之才华，玉韫珠藏，不可使人易知。(《菜根谭》)

译文

一个有高深修养的人，他的心地就像青天白日一般光明，没有藏一点不可告人的秘密；一个有高深修养的人，他的才华应该像藏在盒子里的珠宝一样，不要轻易让别人知道。

解读

所谓“君子藏器于身，待时而动”，胸怀坦荡是做人的原则，而“才华须藏”则是一种处世的原则。

有不可告人的阴暗心理是无法成为君子的，古之君子都以时人不了解自己为最大的悲哀。而对于才华和学问，他们则能做到含蓄谦虚，藏而不漏，不致使自己因才招忌。如果你锋芒毕露炫耀才能，不仅会招致旁人的忌恨，并且会使自己被认为是轻浮或恃才自傲。浅水喧哗，深水沉默，能让人一眼看到底的，只能是浅水。

所以，无论才能有多高，都要善于隐匿，即表面上看似没有，实则充满的境界，要懂得明哲保身。“玉韫珠藏”不是永远都消极颓废，而是一种深思熟虑，等待“一鸣惊人”的时机。

案例

康熙韬光养晦除鳌拜

爱新觉罗·玄烨是清朝顺治皇帝的第三个儿子。顺治在遗诏中册立玄烨为皇太子。顺治十八年（1661年）正月，玄烨即位，时年仅有6岁（虚岁八岁），次年正月（1662年）改年号康熙。遗诏同时指派索尼、苏克萨哈、遏必隆、鳌拜四大臣辅政。

顺治皇帝时期，已经对一些带有奴隶制残余的政策进行了改革，其中包括取消圈地。可是四个辅政大臣都曾经从圈地中得到过好处，反对这些改革。顺治皇帝去世不久，他们就重新圈占了很多土地，康熙三年（1664年），又圈占土地十三万垧。他们还恢复明末加派的练饷，每年向人民多征收几百万两白银。

鳌拜是四个辅政大臣中最跋扈的。他把自己的儿子和亲信都安插在重要位置上，国家大事多是先在家里商量好之后，再拿到朝堂上宣布。随着年龄的增长，康熙对鳌拜的行为愈加不满。一次，康熙想指定一个户部尚书。鳌拜却想安插他的亲信，但对皇帝亲自指定的人又不好驳回，于是，他下命令让两个人同时担任户部尚书。鳌拜如此侵夺权力，康熙看在眼里，记在心上。

十四岁时，辅政大臣索尼已经去世，苏克萨哈因为跟鳌拜有矛盾，被鳌拜诬陷为反对皇帝亲政，被置于死地。遏必隆则处处附和鳌拜，只听从他的支配。康熙宣布亲政，鳌拜非但不交权，专横程度较从前有过之而无不及。

康熙想制伏鳌拜，但是他知道这不是件容易的事儿。按清朝的规矩，康熙下令挑选一部分满族权贵的子弟充当贴身侍卫，每天和他们练习摔跤。鳌拜认为小皇帝就知道打闹，更不把康熙放在眼里。

康熙八年（1669年）五月的一天，鳌拜假称有病不去上朝，放出风声说皇帝应该到他家探望。康熙皇帝知道后，果然亲自到鳌拜家中探望。刚走进卧室，就见鳌拜神色慌张，双手按住床沿。一个御前卫士揭开床席一看，下面藏着一把利刃！鳌拜直哆嗦。谁知康熙笑着摆摆手说："刀不离身，这是咱们满族的旧习惯嘛！不足为奇。"说罢，详细地询问了鳌拜的病情，嘱咐他好好调养，又对左右侍候的人嘱咐了几句，才起身回宫，鳌拜这才松了一口气。

几天之后，康熙把那些每天和他摔跤的少年侍卫叫到身边，力陈鳌拜种种罪行，侍卫们义愤填膺。鳌拜如往常一样大摇大摆进宫，还没等站稳脚跟，这伙少年侍卫一哄而上，将他绑缚在地。康熙剪除了权臣鳌拜和他的党羽，自己亲政。

少年时期就除掉权臣，不能不说明康熙的治国理政的才能，但是其中最为关键的是他利用喜好玩耍的假象蒙骗了老奸巨猾的鳌拜，才让自己有机可乘。其实，不仅是一国之君，即便是我们自身，善于藏拙都是一种智慧，藏拙不是谦虚，而是一种等待，不迟不早，在最佳的时机展示出自己的才华，才是智慧之人的选择。

原文

自家好处掩藏几分，这是涵蓄以养深；别人不好处要掩藏几分，这是浑厚以养大。(《呻吟语》)

译文

自己身上的优点要掩藏几分，这叫作涵容储蓄，从而可以培养自己的深厚德行；别人身上不好的地方，也要替他掩藏几分，这叫作浑朴厚道，从而可以培养自己宽大的胸怀。

解读

古语有云:“持盈之道，损之又损。”对待自己的优点，我们应该懂得掩藏几分，这样才不至于过分骄傲。因为一旦别人认为我们自己好，我们自己也认为自己完美无缺，那么我们的学问和人生境界也就走到了尽头。要知道宇宙中的真理是永远也无法穷尽的，只有不停地探索，才会有更新的发现，我们才会不断进步。我们不仅要谦虚，也要不过分表现自己的优点，否则容易招致别人的嫉妒，在与人相处的过程中受到排挤和打压。

所谓“尺有所短，寸有所长”，每个人都有优点和缺点，对于别人的缺点，我们也要尽量掩饰几分，不要到处宣扬，这不仅反映了一个人的品德修养，而且也可以表现他大度的胸怀。

我们不仅要有信心看到自己的优点，同时也要看见自己的缺点和不足，不能太自负；对待别人不仅要看见他们的缺点，更要看见别人的优点，这样才能与人和平相处。有了深厚的德行，才会得到别人的敬爱和拥护；有了宽大的胸怀，才能容纳一切而心无痛苦。

案例

范纯仁闻过则喜终使程颐赧颜

虽说忠言逆耳，可是大多数人还是不喜欢受到批评，更喜欢得到别人的褒扬。普通人尚且如此，那些达官显贵喜欢逢迎拍马就更为正常了。可是还有一些人，在面对别人的直言不讳时，能够做到淡定，能够放低姿态，即便有时候这些指责不是事实。北宋“布衣宰相”范纯仁就是这样一个人物。

范纯仁是范仲淹次子，在文学方面的造诣不及父亲，却拥有常人难以想象的气度。他常常告诫子侄辈说：“即使是愚笨到了极点的人，要求别人时却是明察的；即使是聪明人，宽恕自己时也是糊涂的。如果能用要求别人的心思要求自己，用宽恕自己的心思宽恕别人，不用担心自己不会达到圣贤的境界。”

一代大儒程颐与范纯仁素有交往。一天，程颐去拜访刚刚卸任的范纯仁，谈起往事，范纯仁显得十分怀恋自己当宰相的时光。程颐不以为然，直言不讳道：“当年你有很多事情都处理得不妥当，难道不觉得惭愧吗？”范纯仁不知程颐所谓何事。程颐解释说：“你任相第二年，苏州一带发生暴民抢粮事件，你本应在皇上面前据理直言，可你却什么也没说，导致许多无辜百姓受惩罚。”范纯仁连忙低头道歉：“是啊，当初真该替百姓说话！”程颐接着说：“你任相第三年，吴中发生天灾，百姓以草根树皮充饥。地方官员报告多次，你却置之不理。”范纯仁愧疚无比：“这的确是我失职！”此后，程颐又指出了范纯仁的许多过失，范纯仁都一一认错。

事隔多日，皇帝召见程颐问政，程颐畅谈了一番治国安邦之策，皇帝听后赞叹不已，感慨地说：“你大有当年范纯仁的风范啊！”程颐不甘心将自己与范纯仁相提并论，忍不住问：“难道范纯仁也曾向皇上进言过？”皇帝命人抬来一个箱子，指着说：“里面全是范相当年进言的奏折。”程颐似信非信地打开那些奏折，这才发现自己之前所指责范纯仁的事情，其实他早就进言过，只是因某些原因没有得到很好的实施罢了。程颐红了脸，第二天专程登门道歉。范纯仁哈哈大笑：“不知者无罪，您不必这样。”

孔子有云："人不知而不愠，不亦君子乎？"范纯仁做到了。范纯仁曾言："懂得恕人，受之不尽。"恕，是用宽恕自己的心来宽恕别人。面对他人莫须有的责备，与其抬头辩解，不如低头认错。谦卑地认错，往往比桀骜地辩解更加有力。在现实生活中，我们需要用宽恕的眼光去看待身边的事情，多宽恕别人的过错，多发现自身的不足，如此，才能让自己更加有修养，才能实现和谐的人际关系。

原文

澹泊之士，必为浓艳者所疑；检饰之人，多为放肆者所忌。君子处此，故不可稍变其操履，亦不可露其锋芒！（《菜根谭》）

译文

志向高远而又能淡泊明志的人，一定会遭受那些身处富贵荣华名势权势中的人的猜疑；能够自我约束谨言慎行的人，往往会遭受那些邪恶放纵之辈的忌恨。所以君子如果处在这种既被猜疑而又遭忌恨的环境中，一定不要改变自己的操守和志向，也绝对不可以过分表现自己的才华和节操。

解读

一个志向高远、有修养的人往往能够善待人生，注重自我修省，但他们以为修省只是个人的事情，却不想正是由于自己高尚的品德会引证小人的卑劣心性，因而必然会遇到小人的忌恨和攻击。如果这时候不知道收敛，藏巧于拙，必定会招致诋毁诽谤，最终落个聪明反被聪明误的下场。处在这种恶劣的环境下，如果能糊涂一点，大智若愚，不仅可以保全自己的名誉和性命，甚至可以为将来的胜利奠定基础。

人生也是这样。"防人之心不可无"，无论你有怎样出众的才智，也千万不要把自己看得太重要，不要把自己看成是救国济民的圣人君子，要收敛自己的锋芒，低调做人为好，这样可以让你少受很多无端的伤害。一个有为的人，处世节操不可变，待人方法须讲究。有时需要曲线做出一些伪装，才可以安全地生活，慢慢再用道德去感化小人，自然就能达到完美的效果。

案例

邴吉忠厚贤能仕途平顺

千百年来，官场都被认为是复杂之地，宦海之中从来都是沉浮不定。然而，还是有些人，凭借自己的处世节操和待人方式在错综复杂的政治世界扶摇直上，平步青云之后一帆风顺。这一点不得不令人心生钦佩。西汉时期的丞相邴吉便是这样一位依靠自己的贤能、无私和宽厚青云直上的人。

邴吉，又作丙吉，字少卿，西汉鲁国北海人。原本是狱法小吏，最后官居相位。他为人忠厚，不夸耀自己；为官礼让，不喜欢表现自己，对下属甚宽能容人过。他保救皇重孙、宽待下属官员、恪尽职守的故事都被传为美谈。

汉武帝征和二年（前 91 年），“巫蛊之祸”爆发，卫太子刘据和他的儿子皇孙刘进均因此被杀，其孙刘进的儿子刘病已（后来的汉宣帝刘询）刚刚出生不久，就被投入大牢。案发后，廷尉监邴吉被调到京城负责处理此案，邴吉知道太子是被诬陷的，怜悯无辜的婴儿，便让忠厚谨慎的女囚胡组、郭征卿住在宽敞干净的房间哺育皇重孙。汉武帝在病中命令将监狱中人一律处死，邴吉认为普通人都不能无辜被杀，皇上的亲曾孙更不能如此，使者只好作罢。汉武帝清醒之后大赦天下。邴吉供养皇曾孙数年，后又将其托付外婆和伯父抚养。昌邑王刘贺淫乱被废，邴吉向霍光推荐资质过人、性格平和的皇曾孙刘病已。刘询才登上了皇位。之后，有宫婢则上书邀功，被邴吉当场否定，皇帝这才知道邴吉的旧恩。

对于官属掾史，邴吉务求掩盖他们的过错，传扬他们的好处。邴吉处理政务崇尚宽大，讲求礼让。掾史有罪赃，不称职，邴吉就给他长期休假，让他离职，最终没有查办。有人认为他乃堂堂汉朝丞相，奸诈的官吏贪赃枉法，却不给予惩处是不对的。邴吉则认为，用三公之府查处下属官员的名声，于公于私都影响不好。三公之府不直接查处下属官员，从邴吉开始而形成惯例。邴吉的车夫嗜酒，随邴吉出行，醉酒后呕吐在车上。负责官员告诉邴吉想要赶走车夫，邴吉不同意，车夫就留下了。恰巧这个车夫是边郡人，熟知边塞发生紧急军务的事，曾有一次外出，遇见边郡发送紧急公文急驰来到。车夫乘机跟随驿骑到公车探候求取消息，得知敌人入侵云中、代郡，急速回相府告诉邴吉。之后，皇帝问邴吉和御史敌人入侵郡吏的情况，邴吉一一作答，受到褒奖；御史大夫仓促间不知详情，受到责备。

邴吉外出，遇到清道的人发生群殴的事，死伤的人横陈路上，邴吉却不闻不问，掾史很奇怪。往前走，遇到有人追赶牛，牛气喘急，吐出舌头。邴吉停下车子，让随员骑马过去问："追牛走了几里了？"掾史更觉得丞相不问群斗而问追牛，不明就里，邴吉说："老百姓争斗，相互杀伤，这是长安令、京兆尹应当禁止、防备和追捕的事，我的职责是年终奏请实行赏罚罢了。宰相不亲自处理小事，不应当在路上过问打架斗殴之类的事。正当春天还不应当很热，害怕牛行走不远却因暑热而喘息，这意味着气候不合节令，担心将会伤害全国百姓，因此而问这事。"掾史心悦诚服，认为邴吉注重的是大事。

因为邴吉贤能又低调，智慧又容人，他的仕途自然平顺。感叹他的一帆风顺同时，不禁想到，为人处世的方式，官场之上是如此，我们自己的生活和工作中，也是如此。如果我们能够像邴吉一样，在大是大非面前保持自己的操行，在别人有过错时不去责备，做好自己分内的事情，那么自己的人际关系自然会越来越好。

原文

富贵家宜宽厚，而反忌刻，是富贵而贫贱其行矣！如何能享？聪明人宜敛藏，而反炫耀，是聪明而愚蒙其病矣！如何不败？（《菜根谭》）

译文

富有显贵的人家在待人接物上应该宽容仁厚，可是很多人反而刻薄，担心别人超过自己，这种人虽然暂为富贵之家，可是他的行径已走向贫贱之路，这样又怎能使他的富贵之路长久呢？一个聪明的人，应该谦虚有礼不露锋芒，可是很多人反而夸夸其谈，这种人表面看来好像很聪明，实际上他的言行跟无知的人并没什么不同，他的事业又怎能不受挫、不失败呢？

解读

富足是一个人做事的经济来源，聪明是做人最基本的内在要求。一个人，富贵了不能到处炫耀，而有才智也不能恃才傲物，目空一切，只有宽厚仁慈的人才能成功。

假如一个人富有但却“为富不仁”，那他将陷入终日与人钩心斗角、争利的苦海中，这样一来就完全丧失了富贵带给他的身份与生活乐趣，长此以往便会子散亲离，最后落得个孤立无援，空虚寂寞的下场。如果一个有才智的人不懂得谦虚，掩藏自己锋芒，那他只能是表面看起来聪明，到头来终将“聪明反被聪明误”，落得个难以收拾的下场，因此聪明人更要有自知之明。

我们做人不要把富贵看得太重，富足后要懂施舍，智者不宜炫耀，不要锋芒太露，这样才更容易成功。

案例

石崇比阔斗富家破人亡

家财发展到一定阶段，人就过得谨慎，生怕什么时候有什么事端发生。人为财死，富人怕在这里，强盗有时也死在这里。所以，富而不露往往成为很多人信奉的准则。历史上，也曾有过这样的事例，比阔斗富，对自己的财富大加炫耀，以此为荣。他们的结局，往往以悲惨收场。

石崇，字季伦，渤海南皮（今河北南皮东北）人。西晋开国元勋石苞第六子，西晋时期文学家、大臣、富豪，“金谷二十四友”之一。

石崇与皇帝的舅舅王恺斗富，两人都用尽最鲜艳华丽的东西来装饰车马、服装。晋武帝是王恺的外甥，常常在暗中帮助王恺。他曾经把一棵近二尺高的珊瑚树送给王恺，这棵珊瑚树枝条繁茂，世上少有。王恺得意扬扬地把珊瑚树拿来在石崇面前炫耀，石崇看后，立刻用铁如意敲打，珊瑚树马上就打碎了。王恺既惋惜，又认为石崇是妒忌自己的宝物，说话时声音和脸色都非常严厉。石崇就叫人把家里的珊瑚树全都拿出来，三尺、四尺高的，树干、枝条举世无双，光彩夺目的就达六七棵之多，像王恺那样的就更多了。王恺黯然失色。

石崇的奢华日子过得很好，怎奈天有不测风云。石崇后来担任卫尉，与潘岳共同奉承权臣贾谧，贾谧与他们很亲善，号称“二十四友”。贾谧的外祖母广城君郭槐每次出来，石崇遇到时总先下车站在路左，望尘而拜。永康元年（300 年），赵王司马伦发动政变，诛杀贾后等人，贾谧也被杀，石崇因是贾谧同党官职被免。石崇的外甥欧阳建因之前弹劾司马伦而与其结仇。石崇的爱妾绿珠，相貌美艳，善吹笛。司马伦的党羽孙秀派人再三索要绿珠，被石崇严词拒绝后，孙秀劝司马伦杀害石崇、欧阳建。

石崇、欧阳建得知后，便与黄门侍郎潘岳暗地劝淮南王司马允、齐王司马冏谋划诛杀司马伦与孙秀，不料被后者觉察。孙秀假称惠帝诏命逮捕石崇与潘岳、欧阳建等人。当时石崇正在楼上宴饮，甲士到了门前。石崇对绿珠说：“今天我为了你而惹祸。”绿珠哭着说：“我应该在你面前死去来报答你。”

便自投于楼下而死。

石崇认为自己不过是被流放异乡，直到被押上囚车拉到东市，才说："这些人，还不是为了贪我的钱财！"押解他的人说："你既知道人为财死，为什么不早些把家财散了，做点好事？"

家财万贯是好事儿，关键是人们如何对待自己的财物，是用来炫耀还是用来救济劳苦之人，明智的人自然会选择后者。所以，即便是在物质生活如此丰富的今天，人们仍需谨记，把富余的钱物送给那些更为需要的人，让它发挥出该有的力量，不但是对别人的接济，也是对自己品德、观念的培养。这样，贫富之间的感情距离才不至于疏远，社会矛盾才会逐渐减少，也才能实现真正意义上的和谐。

原文

欹器以满覆，扑满以空全；故君子宁居无不居有，宁处缺不处完。(《菜根谭》)

译文

欹器因为装满了水才会翻倒，用来存零钱的陶罐，由于腹中空无一物才能得以保全。所以君子宁愿处于无争无为的地位，也不要站在有争有夺的场所，日常生活宁可欠缺一些，也不要过分要求完满。

解读

在古代，欹器是用来汲水的陶罐，因为提绳位于罐体中部，所以，一旦装满了水就会翻倒，当水满一半时则能端正直立，水空的时候也会倾斜。因此古时的帝王常常把这种欹器放在座位的左侧，作为规劝警惕的器具。

所谓“满招损，谦受益”，做人就如同欹器一样，要虚怀若谷，不能骄傲自满。如果一个人内心太过自满就会充满各种妄想和邪念，听不进去别人的善言，看不到自己的缺点和不足。并且容易滋生骄傲狂妄的态度，目中无人，这样就会招人嫉妒和怨恨，长此以往，这样的人将落得四面楚歌的境地。

一个有追求、胸怀宽厚的人，他的学问做得越深，他就越懂得谦虚，越要藏起自己的锋芒，宁愿处于无争无为的地位，也不去跟别人争夺，日常生活宁可欠缺一些，也不去过分要求完满。

案例

郭子仪大敞门庭避遭人诬

不知什么时候开始，越来越多的人喜欢关闭起自家的大门，似乎唯有如此，才能保证自己的安全。与之相应的是，人们忽然发现彼此之间的距离也越来越远，即使对门，也不见得认识，怀念那些门庭大开、四邻皆熟的日子。其实，早在一千多年以前，就有人注意到开门对于自家与外界关系的重要性了，这位先人便是唐代著名政治家、军事家郭子仪。

汾阳王府自落成后，郭子仪下令每天都要大开府门，任凭人们自由出入，府中之人对此不能予以干涉。

一天，一名将官要调到外地任职，来王府辞行。知道郭子仪府中百无禁忌，就一直走进了内宅。恰巧，郭子仪的夫人和他的爱女正在梳妆打扮，而王爷郭子仪正在一旁侍奉，像奴仆一样侍奉妻女。这位将官见了之后，禁不住讲给家人听。于是没多久，整个京城的人都把这件事当成笑话来谈论。郭子仪不以为然，他的儿子们却觉得有失父亲体面。他们便希望父亲关起府门，不许闲杂人等出入。

郭子仪说："我敞开府门，任人进出，不是为了追求浮名虚誉，而是为了自保，为了保全我们郭家全家人的性命。"儿子们十分惊讶。郭子仪叹了口气，说道："你们只看到郭家显赫的声势，没有看到这声势有丧失的危险。我爵封汾阳王，往前走，再没有更大的富贵可求了。月盈而蚀，盛极而衰，这是必然的道理。所以，人们常说要急流勇退。可是眼下朝廷尚要用我，怎肯让我归隐；再说，即使归隐，也找不到一块能够容纳我郭府一千余口人的隐居之地呀。可以说，我现在是进不得也退不得。如果我们紧闭大门，不与外面来往，只要有一个人与我郭家结下仇怨，诬陷我们对朝廷怀有二心，就必然会有专门落井下石、妒贤嫉能的小人从中添油加醋，制造冤案，那时，我们郭家的九族老小都要死无葬身之地了。"

一扇打开的府门，一群随便进出的百姓，一个毫发无损的郭氏家族，看似简单的表象背后，是郭子仪的高瞻远瞩及他对于自己和全家人安危的良苦用心，打开的府门拉近了由此进出的所有人的距离，别人看见的是一个透明的汾阳王府，而郭家上下则在来往百姓的目光中做到谨言慎行。身为一代名将，郭子仪戎马一生，功勋卓著。史书称他"再造王室，勋高一代"，"以身为天下安危者二十年”。他资兼文武，忠智俱备，故能在当时复杂的战场上立不世之功，在险恶的官场上得以全功保身。

有时候，人有必要放弃完美，展示出自己真实的、不够好的一面，因为你我都是平常人，这样，才不容易招人嫉恨，自己才能过得安稳。

原文

鹰立如睡，虎行似病，正是它攫人噬人手段处。故君子要聪明不露，才华不逞，才有肩鸿任钜的力量。(《菜根谭》)

译文

老鹰站在那里像睡着了，老虎走路时像有病的样子，但这正是它们准备捉人吃人前所用的手段。所以，君子要做到不炫耀自己聪明，不显露自己的才华，只有这样才能培养出肩负重大使命的力量。

解读

在古代军事作战中，如果遇到比自己强劲的对手，在敌人面前，智者都会把自己的锋芒藏起来，表面上装出一副愚钝的样子，以使对方不起疑心，待到时机成熟，便可以一举将敌人拿下。

同古代高明的军事家一样，一个有大志向大智慧的人是不会去在乎那些世俗上的虚名，一个有真才实学的人也不会去自我夸耀的。他们都懂得学无止境，更清楚要适时掩藏自己的才华，而不至于招人忌恨。能够成大事的人，在成事前都懂得先保护自己，更何况，人的精力是有限的，不能因小失大，不露才华，不显小聪明，才能为以后的大业积攒力量。

这种“大智若愚”的计谋，不仅是为人处世的智慧，更是成事的方法和诀窍。因为从人的心理上来讲，对自己不构成威胁的人总是会被人们忽视，那么在人办事遇到困难的时候，不妨好好利用这一点，行韬光养晦之策，以达到扮猪吃虎的目的。

案例

司马懿暗度陈仓接管曹魏政权

古往今来，历史上有很多人都因善于伪装才取得了事业的成功，孙膑装疯逃过一死，朱棣佯狂装疯逃过削藩之劫。明修栈道，暗度陈仓。刘邦曾经通过韩信的这一方略顺利进入关中，拉开了自己创建大汉王朝的序幕。无独有偶，后来的司马懿也因此方略成功蒙骗曹爽亲信李胜，让自己在危险的处境中反败为胜，顺利发动政变，掌管了曹魏大权。

魏明帝曾托孤司马懿和曹爽，曹爽为实现专权排斥司马懿。司马懿佯装生病，不问政事。这年冬天，曹爽便让将赴任荆州刺史的李胜以告辞为由探查司马懿的虚实。

司马懿将计就计，披头散发躺在床上，装出重病的样子。李胜抵达，司马懿有气无力地倚坐在床上接见客人。同李胜谈话时，司马懿装聋作哑，语无伦次。婢女侍候他穿衣服，他抖抖索索地抓不住，衣服也掉在地上；婢女服侍他喝粥，只见他难以下咽，粥都从他嘴角流了下来，洒满了前胸。李胜说："当今主上尚幼，天下恃赖明公。听说明公旧病复发，没想到如此严重。"

司马懿气喘吁吁地说："我年老病重，死在旦夕。您去并州，并州靠近胡地，可要好好防范。恐怕我们再不能相见了。"李胜纠正道："我是回荆州，不是去并州。"司马懿又说："您要到并州，请努力自爱。"李胜又重复一遍："我是回荆州，不是去并州！"司马懿装作刚刚明白的样子，说："我年老糊涂，没有听懂您的话。您调回荆州，正是建功立业的好机会。"

最后，司马懿推心置腹地拜托李胜，请李胜好好地照顾他的儿子司马师和司马昭。司马懿的这场表演非常出色，李胜信以为真。他回去将其所见所闻告诉曹爽，曹爽非常高兴，更加肆无忌惮。

事实上，"重病在身"的司马懿正在紧锣密鼓地谋划着一场政变。公元249年正月，曹爽兄弟按照日程安排，陪伴魏帝曹芳，到洛阳城南九十里的高平陵祭祀魏明帝。司马懿出其不备，以迅雷不及掩耳之势发动政变，接管控制了曹魏政权。

所谓"兵不厌诈"，想要在扑朔迷离的政坛立足，亦是如此。其实，有时候人需要掩饰自己，把内心的强大隐藏起来，代之以柔弱的外在，这样，容易引起别人的同情、怜悯，才不容易让自己处处树敌，也更容易解决一些平时看起来颇为棘手的问题。弱与强，都是就一定程度而言的，在必要的时候，以弱饰强，可能更容易取得成功。

原文

藏巧于拙，用晦不明，寓清于浊，以屈为伸，真涉世之一壶，藏身之三窟也。(《菜根谭》)

译文

做人要把机智隐藏在笨拙中，不可以显得自己太聪明，要把自己高洁的品格隐藏在污浊的环境中，不可自命清高，要学会以退缩来求前进的方法。这才是在立身处世的时候最有用的救命法宝，明哲保身时最有用的藏身三窟。

解读

真正懂得为人处世的人，是不会锋芒太露的。人的一生有很多事情要做，只有那些碌碌无为的人才会整天为琐事缠身，在世俗面前夸耀自己的才华。而有追求有抱负的人，在平时是不会咄咄逼人，随意夸耀自己的才华的。即使在污浊的环境中，他们也会洁身自好，保持自己高尚的品格和人格。只有这样，在关键的时刻他们才能全身而退，明哲保身。

为人处事，要像古时的钱币一样，“边缘”要圆活，不能带有任何锋芒，要能随机而变，但“内心”要方正，要有自己的目的和原则。对待周围的人和事，不必棱角太露，过于显出自己的与众不同，这样既可以保全自己的气节，也可以保护自己不受到伤害。

案例

越王勾践卧薪尝胆终成一代霸主

“古之立大事者，不唯有超世之才，亦必有坚忍不拔之志。”志向坚定，方能忍辱负重、委曲求全，在适当时机显出英雄本色。陆逊在极大的压力下，抓住时机，火攻蜀军，取得了夷陵之战的胜利；司马迁含垢忍辱，创作出中国史书典范《史记》。而历史上还有一个因善于忍辱而知命的人物，这便是越王勾践。

公元前496年，越国国王勾践即位。此前，吴王阖闾打败楚国后成为南方的霸主。勾践即位后，吴国就对关系不睦的邻国越国发起进攻。两国在槜李展开激战，吴国战败，吴王阖闾中箭受重伤，加之年纪大，病情越发严重。阖闾临死时对儿子夫差说：“不要忘记报越国的仇。”

夫差即位后，生怕自己忘记父亲的遗嘱，每次经过宫门，手下的人就喊：“夫差！你忘了越王杀你父亲的仇吗？”

夫差流着眼泪说：“不，不敢忘。”

为了报父仇，夫差叫伍子胥和伯嚭操练兵马，准备攻打越国。后来越国战败，越王勾践被抓到吴国的会稽。夫差为了羞辱越王，派他做看墓与喂马这些奴仆才做的工作。越王心里虽然很不服气，但仍然极力装出忠心顺从的样子。吴王出门时，他走在前面牵着马；吴王生病时，他在床前尽力照顾。吴王看在眼里，认为勾践对自己非常忠心，最后放他回国。

勾践回到越国后，立志报仇雪耻。他唯恐眼前的安逸消磨了志气，就在饭桌旁挂一个苦胆，每次吃饭都先尝一尝苦味，还问自己：“你忘了会稽的耻辱吗？”他还把席子撤去，用柴草当作褥子。这就是后来人传诵的“卧薪尝胆”。

越王勾践整顿内政，鼓励生产，越国国力渐渐强盛起来，就谋划讨伐吴国。

公元前484年，吴王夫差要攻打齐国。伍子胥急忙劝阻，说：“我听说勾践卧薪尝胆，与百姓同甘共苦，看样子一定是想报吴国的仇。不除掉他，总是个后患。希望大王先去攻打越国。”

吴王夫差不听，执意带兵攻打齐国，胜利回来后，文武百官全都道贺，只有伍子胥反倒批评说：“打败齐国，只是沾点小便宜；越国来灭吴国，才是大患。”

如此，夫差越来越厌恶伍子胥，加上伯嚭在背后尽说伍子胥坏话。夫差就杀了伍子胥。

公元前 475 年，越王勾践经过充分的准备，对吴国发起大规模进攻，吴国连连战败。越军把吴都会稽包围了两年，夫差被逼得走投无路，说："我没有脸面见伍子胥了。"说着，就用衣服遮住自己的脸，自杀了。

后来勾践北上中原与诸侯会盟，成为春秋时期最后一个霸主。

千百年来，越王勾践卧薪尝胆的故事激励着无数有志之士，使他们有勇气面对并战胜艰难困苦。生活在当今社会，我们仍可以从故事中汲取力量，用其中的智慧解决问题，用其中的坚持明确志向，用其中的容忍处理人际关系，用其中的胜利鼓励自己。如此，在练就自身坚强意志的同时，也为自己营造出和谐的人际关系。

应酬卷

第九

原文

涉世浅，点染亦浅；历事深，机械亦深。故君子与其练达，不若朴鲁：与其曲谨，不若疏狂。(《菜根谭》)

译文

涉世不深的人，阅历也很浅薄，沾染各种不良习惯的机会也较少；而饱经世事的人，经历的事情很多，权谋奸计也就很多了。所以坚守道德准则的君子与其处事精明老练，不如保持自己朴实的个性；与其事事小心谨慎委曲求全，不如表现得豁达大度、不拘小节一些。

解读

人的心地本来质朴，但当他随着阅历的增多，经验的积累自称深谙世道、八面玲珑的时候，其实他已经沾染污秽，变得有很多的权谋机诈了，也就会失去了人的本性，品格逐渐发生质的变化，变成一个容易招人顾忌，招人伤害的人。

练达、曲谨与朴鲁、疏狂相对，所以，坚守准则的君子遇事应特别注重抱朴守拙的忠厚作风，多一些不加修饰的纯真面目。真性、真情、朴实、洒脱的人才会在待人接物中赢得别人的尊重，自己也会少受些伤害。这样才能利不谋而自来，反观那些重于权谋算计的人，却是最终空费了心力。

案例

魏元孚抱朴守拙饮酒不乱性

历史上以嗜好饮酒为名的人数不胜数，李白“斗酒诗百篇”；鲁智深酒后倒拔垂杨柳；即便是高高在上的杨玉环，也留下了贵妃醉酒的故事。酒壮英雄胆，九分醉一分清醒的情况下，人们往往失去常态，做出不可理解的事情。但是，有的人在醉酒之后却能做到方寸不乱，这不得不令人佩服。

东晋时的晋简文帝喜欢和大臣开玩笑。一个其貌不扬的大臣叫魏元孚，个子矮小，脸短，秃顶。晋简文帝问一个近臣魏元孚何以在朝中为臣，近臣回答:“魏元孚是先帝看中的，听说有一年春天打猎，先帝射死了一只鹿，非常高兴，顺口说了几句诗，可是先帝不知道诗的出处，身边的人没一个知道，先帝很扫兴。就在这时，身为一个卫官的魏元孚说出了诗的出处。先帝奖励了他，后来又提拔他当了近卫侍郎，他就这样一直在朝廷里服务。”简文帝说:“魏元孚很聪明？”近臣点头。简文帝又问起魏元孚的缺点，近臣说魏元孚喜欢喝酒，特别贪杯。

这天，简文帝叫人准备好酒席，请大臣们喝酒，其中包括魏元孚。他还让太监在大殿的长条案子上准备了十几个酒坛子，都是矮粗的那种，看上去就像魏元孚的脸，还在每个酒坛子上戴了顶帽子，叫人忍俊不禁。

席间，大臣们想把魏元孚灌醉，纷纷向他敬酒。魏元孚很精明，虽然不知道简文帝出于怎样的意图，但感觉苗头不对，于是他当面把酒喝下去，过一会儿假装上厕所，又全都吐了出来，回到酒席上再喝，佯装喝醉。

喝完酒，魏元孚被宣上殿。魏元孚一上殿来，大臣们哄堂大笑，那些酒坛子实在太像魏元孚了。简文帝也被逗得前仰后合，想看看魏元孚会怎么办。只见魏元孚一脸严肃，半点笑容都没有，他越是这样，大家越觉得可笑。魏元孚走到长条案子前停下来，看着那些酒坛子，大声说“哎呀，这不都是我的兄弟吗？你们真是大胆无礼，怎敢跑到大殿上排队站着，赶快跟我回家！”一边说一边把酒坛子搬走了。魏元孚的举动把简文帝逗得合不上嘴，暗地里称赞他的确是个人才，把事情处理得滴水不漏。

魏元孚回到家后，叫家仆扬言说皇帝赏赐了十几坛美酒，他愿意把这些美酒换钱以接济穷苦百姓，并声称这都是简文帝的功德。这事很快被简文帝知道了，简文帝拍案叫绝:“魏元孚实在是太聪明了，真是人不可以貌相啊！”

从此以后，魏元孚因为“饮酒而不乱性，甚有分寸，九分清醒一分醉”成为简文帝最器重的大臣之一，帮助简文帝做了许多利国利民的好事，受到百姓爱戴。

魏元孚不但让想看笑话的简文帝如愿以偿，还借花献佛，把原本用来取笑自己的美酒救助贫苦百姓，传颂皇帝的功德，堪称化腐朽为神奇。“机关算尽太聪明，反误了卿卿性命”。费尽心机有时徒劳无功，抱朴含真有时却喜出望外。魏元孚抱朴守拙而青云直上，正在于他将朴鲁与疏狂运用得恰到好处。人生在世，有时候需要放荡形骸，以舒缓内心深处的压力，其中的分寸，还需用几分智慧来把握。

原文

遇故旧之交，意气要愈新，处隐微之事，心迹宜愈显；待衰朽之人，恩礼当愈隆。(《菜根谭》)

译文

遇见多年不见的老朋友，情意要特别真诚与热情，气氛要比对待新知更加真诚、热烈；处理一些隐密的事情时，心迹要变得更加坦诚，态度要变得更加开朗；服侍身体衰弱的老人时，举止更是要殷勤，礼节也要更加恭敬周到。

解读

人不可以只知重视新交，而忘了故交、旧人，做人不能太势利，即便是那些失势的老友，更应该表现出自己对其的关心和照顾，甚至要超过新交。如此方能给别人舒畅的心情，也能给别人留下有修养的好印象。而且这样的行为更有利于与老友建立更加密切的友谊，与同事形成良好的合作氛围，更能得到老前辈们的真诚指点。

同样，做人也不可在没人见到的地方，就贪图利益而变得徇私舞弊，在黑暗处应该比光明处更加光明磊落才对，这样才能显示出自己不平凡的人格。

而不懂得尊老，则是没有教养的体现，在面对老人时，应该更加恭谨，心存敬老之心。子曰“老，天之经，地之义。”孟子说：“老吾老，以及人之老。”也都教导我们要尊老爱老。

尊重故交，暗处行事也光明，尊敬老人，这些都是做人的准则，也是君子的表现。

案例

曾国藩重友慎独敬老受人称赞

自古以来，中华民族就十分重视友情，视友情为人生的重要部分，认为朋友犹如美酒一样，时间越长味道越香，古人视“他乡遇故知”为人生三大喜事之一；古人讲究自律，“内不欺己，外不欺人，上不欺天，君子所以慎独”。认为做人须“仰不愧天，俯不愧人，内不愧心”；讲究尊老敬老，“长者立，幼勿坐，长者坐，命乃坐。尊长前，声要低，低不闻，却非宜。进必趋，退必迟，问起对，视勿移”。“长者问，对勿欺；长者令，行勿迟；长者赐，不敢辞。”重友、慎独、敬老作为传统美德的重要组成部分，流传至今。

作为中国近代历史上颇具影响力的人物之一，曾国藩是清代以文人而封武侯的第一人，后历任两江总督、直隶总督，官居一品。他对清王朝的政治、军事、文化、经济等方面都产生了深远的影响。他的人生、智慧、思想，深深地影响了几代中国人。其中，曾国藩几则有关重视故交、行事磊落、敬重老人的故事鲜为人知。

曾国藩充分认识到结交朋友的重要性，对交友之道颇有见地，他认为交友贵雅量，要“推诚守正，委曲含宏，而无私意猜疑之弊”。他交友有八交九不交之说，八交为：胜己者；盛德者；趣味者；肯吃亏者；直言者；志趣广大者；惠在当厄者；体人者。九不交为：志不同者；谀人者；恩怨颠倒者；好占便宜者；全无性情者；不孝不悌者；愚人者；落井下石者；德薄者。

经曾国藩等人的帮助，一度不知名的左宗棠曾经是曾国藩的得力助手，尽管左宗棠青云直上后两人矛盾不断，但曾国藩都能够从大局出发，妥善处理与故交的问题。咸丰七年（1857 年），曾国藩向皇帝要权遭到拒绝后，左宗棠肆口诋毁，曾国藩这个时候虽然抱怨左宗棠，但在第二年复出经过长沙时，依然主动拜访了左宗棠，随后还做了自我检讨。可见，曾国藩是十分珍惜与故旧之交左宗棠的友谊。曾经的朋友有一天成为自己的竞争对手，但那是事业，并没有影响到两人之间的私交。

曾国藩在中国的近代被称为完人，他有道德，有军功，有文章。这些成就在很大程度上得益于他三十年如一日的修身。曾国藩从三十一岁所开始的修身，一直贯穿到他的后半生。在此后人生中，即便身为军事统帅，每天在杀戮声中度过，他每天仍然“三省吾身”。

在翰林院工作期间，曾国藩把修身当作日常很重要的一部分。他对自己的人生修炼，有五个字。首先是诚，为人表里一致，自己的一切都可以公之于世；第二是敬，人要有畏惧，人不能无法无天，要有敬畏，内心不存邪念，持身端庄严肃有威仪；第三是静，人的心、气、神、体都要处于安宁放松的状态；第四是谨，言语谨慎，不说大话、假话、空话，实实在在；第五是恒，生活有规律、饮食有节、起居有常。这五个字的最高境界是“慎独”——人应该谨慎地对待自己的独处，在独自活动无人监督的情况下，凭着高度自觉，按照一定的道德规范行动，而不做任何有违道德信念、做人原则之事，这是修身的最高境界。

曾国藩慎独的手段是每天记日记，对自己一天的言行进行检查、进行反思。道光二十二（1842 年）年，他在日记里说，昨晚做了一个梦，梦到别人得到一笔额外的好处，自己很羡慕；醒来之后对自己痛加指责，说自己好利之心如此严重，做梦居然梦到，这是不能容忍的。中午到朋友家吃饭，席间得知某人获得一项分外收入，心里又是羡慕。他在日记里写道，早晨批判了自己，中午又犯了，“真可谓下流”。

在百善孝为先的中国，曾国藩俨然是一个孝子。道光二十四年（1844 年）正月二十五日，曾国藩在家书中写道：“父母大人金福万安……阿胶两斤，高丽参半斤……”托人带回湖南老家，以略尽人子之孝。

曾国藩后来出将入相，位极人臣，这些东西当然唾手可得，但在道光二十四年（1844 年），他还是个翰林院编修，弄到这些东西并不容易。在曾国藩后来的家书中，屡屡出现寄赠阿胶的字句，阿胶成为曾国藩为父母尽孝的最好方式。不仅如此，曾国藩认为人人孝悌的原则在治家方略中最为重要。在曾国藩看来，家庭兴旺的规律是：天下官宦之家，一般只传一代就萧条了，因为大多是纨绔子弟；商贾之家，一般可传三代；耕读之家，一般可兴旺五六代；而孝友之家，往往可以绵延十代八代。足见孝敬在曾国藩心中的重要。

曾国藩有云：“以爱妻子之心事亲，则无往而不孝。以责人之心责己，则寡过。以恕己之心恕人，则全交。”正是因为恪守这样的原则，曾国藩才网罗天下好友、中国传统文化人格精神的典范式人物、深刻影响数代人的精神偶像。从曾国藩身上，我们学到了如何与人相处、如何要求自己、如何尊重长辈，这些看似平常的为人处世之道，却可以令我们受益终生。

原文

千金难结一时之欢，一饭竟致终身之感，盖爱重反为仇，薄极反成喜也。(《菜根谭》)

译文

价值千金的重赏或恩惠，有时也难以打动对方，换得别人和你合作的机会；而有时一顿粗茶淡饭却可以换来一个人一辈子的感激。这或许就是当一个人给予的爱太多，如果处置不当反而会带来别人的仇恨，而平常不重视或者淡泊至极的一些人给予的一点小恩小惠，反而却会赢得别人非常深的好感。

解读

人际间的感情不是用金钱能衡量的。危难之时给予帮助，可起韩信“一饭之恩终身不忘”的效果。而若被爱包围，即使给予再多爱也会令人不知，甚至遇到一点不如意也会反目成仇。

所以勿要把太多“好处”一下子给人，或想以“好处”来讨别人欢喜，那样，因为来得容易，别人不但不会珍惜这些“好处”，对你也不会有任何感激之心，反而还会嫌少、嫌不够好，甚至一再向你要好处，你如不给或给得不如前次好、不如前次多，他便要怪你。有的时候你对人的恩情过重，甚至会使对方自卑乃至讨厌你，因为他一来无法报答，二来会感到自己的低能。

帮助别人也是一门学问。不论站在哪种角度上去帮助别人关心别人，给人家好处都要恰如其分，不要轻易地、盲目地去帮助别人，应该要有自己的原则性，在别人真正需要时才给予别人帮助，这是非常必要的。否则就有可能好心办坏事，甚至给自己带来不必要的麻烦。

案例

赵宣子一饭之恩竟至灵辄倒戈相救

中华民族有诸多传统美德，与之相应，也有很多富有教育意义的历史故事流传至今。与人为善、知恩图报便是其中的重要内容，而与之相应的感人故事却令人感慨万千。在别人为难之处伸出援手，雪中送炭，不但成就自己的美德，也会令对方感动至深。曾经影响春秋时期晋国命运的一代权臣赵盾就经历了这样的事情。

赵盾是春秋中前期晋国卿大夫，赵衰之子，杰出的政治家、战略指挥家。谥号宣，后人多称赵宣子、宣孟。他是晋文公之后晋国出现的第一位权臣，集军政大权于一身，在晋国执政期间，权倾朝野。一生侍奉三朝，令晋集举国之力与楚国争衡而不落下风，可谓“治世之能臣”。

鲁宣公二年，赵宣子在首阳山（今山西省永济县东南）打猎，住在翳桑。他看见一人面黄肌瘦，就去询问他的病情。那人说：“我已经三天没吃东西了。”赵宣子就将食物送给他吃，可他却留下一半。赵宣子问他为什么，他说：“我离家已经三年了，不知道家中老母是否还活着。现在离家很近，请让我把留下的食物送给她。”赵宣子让他把食物吃完，另外又为他准备了一篮饭和肉。

后来，晋灵公不行君道，荒淫无道。赵宣子多次劝谏，晋灵公非但不听，还很厌烦。不久灵公先派刺客行刺，结果刺客看到赵宣子勤政爱民，自杀了。灵公又设宴款待赵宣子，暗中埋伏士兵，让他们伺机对赵宣子下手。赵宣子的车右提弥明得知此事，赶忙跑到宫殿，扶赵宣子退下。灵公又放出一条獒犬来咬赵宣子，提弥明把獒犬杀死了。

在这场搏斗中灵公士兵中有一名武士突然反过来抵挡晋灵公的手下，使赵宣子得以脱险。赵宣子问他为何这样做，他回答说：“我就是在翳桑的那个饿汉。”赵宣子再问他的姓名和家居时，他不告而退。原来那名病汉武士，名叫灵辄，是春秋时代著名的侠士之一。

赵盾在赠给灵辄饭时或许从未想过，自己危难之际这个人会倒戈相救；

灵辄在接受赵盾赠予的饭食的刹那，心中的感激之情、报答之意在这场争斗中得以淋漓尽致地体现。“滴水之恩当涌泉相报”，中国人正是因为有这样的感恩之心，才出现了“衔环结草”“退避三舍”“狡兔三窟”的传说和故事。物换星移，如今，这些知恩图报的故事虽然已经过去，但是知恩图报的思想却历久弥新，深深地扎在每一个中国人的心中。

原文

与小人处，一分计较不得，须要放宽一步。(《呻吟语》)

译文

在与小人相处的时候，一分一厘的计较都是使不得的，必须要放宽他一步才行。

解读

“亲君子，远小人”，君子一般都比较大公无私，与此相对，小人则比较自私自利，他们为了争名夺利，会事事都斤斤计较。而且他们工于心计，什么事情都比我们要考虑得多。即使是我们斗过了他们，他们也一定会记恨在心，伺机报复。

为了自己的安宁，也为了自己还没有完成的事业，最好是不要与小人去斗争，而且一个人也没有那么多时间和精力去与小人争斗，我们还有很多更重要的事情需要去完成，退一步，就是为了去做更多更有意义的事情。

只有保护了自己，才有可能使好人真正地长寿幸福。韩信忍受胯下之辱，司马迁身受宫刑，他们本不应该忍辱偷生。但他们所追求的东西远远超过了生死与存亡的概念，所以生与死对他们来说也无所谓了。对小人放宽了一步，自己也就多进了一步，这个道理一定要明白，如果与小人斤斤计较，那我们与他们又有何区别呢?

案例

王璟不计前嫌帮刺客洗冤

俗话说，宰相肚里能撑船。身为一代重臣，要有雍容大度，宠辱不惊，胸藏万壑，海纳百川，高深莫测，喜怒不形于色，泰山崩于前而色不变的气量、修养和素质。即便是平常百姓，心中如果能够容纳别人的过错，不与别人计较，对于对方来讲是一种满足，对于自身而言，也是修身之举。回溯沧桑的历史，胸怀雅量的人物数不胜数，以德报怨的故事多之又多，每一次聆听，都让人感动、让人成长。

王璟，字廷采，号东皋，山东省莒南县板泉镇大白常村人。一生勤政为民，清正廉洁，政绩卓著。他明成化八年（1472 年）中进士，一生历经英宗正统、代宗景泰、英宗天顺、宪宗成化、孝宗弘治、武宗正德、世宗嘉靖七个皇帝。在朝为官五十余年，辅佐过宪宗、孝宗、武宗和世宗四代皇帝，官至都察院左都御史，卒后赠少保。王璟与皇上、朝中大臣和各级下属都能和谐、融洽相处，虽曾有阉党营私而排挤他，但无人猜忌他，特别是他宽宏大度的气量、修养，令人钦佩。这种人格的形成是从小培养成的。

王璟为生员时，勤学苦读。一天夜里，他正在认真读书，有个和他家有怨的人潜入院子里，手里拿着一杆长枪瞄准他，隔着窗子刺了进来。王璟敏捷地躲开了，没被刺中。

而那个刺客以为自己是在夜里行刺，没有人看见，就扬长而去。其实，王璟在屋里，早已经乘着外边的月色，认出了这个人，但他保守秘密三十多年，从未向任何人讲起这件事。

后来，王璟做了大官。而那个刺客却被人诬陷，大难临头。百般无奈之下，那人急忙求救于王璟。王璟一点也没有为难他，出面为他主持了公道，使他免于一死。之后，那人要送厚礼给王璟，被王璟谢绝了，只是笑着对他说："三十多年前的那个晚上你要是把我刺死了，现在谁来救你？以后可不要再害人了！"那人感动得泪流满面，向他谢罪而去。

不愧为治世经国之才，面对曾经有害于己的小人、仇人，王璟不计前嫌、不念旧恶，以礼相待、出手相救，不但成就了别人，也成就了自身的美德，体现出一代名臣的高风亮节。冤冤相报何时了，恶行并不可怕，可怕的是恶性循环，在别人的过错面前，我们大概只有多加原谅，才是做人的根本。以德报怨，方能止怨。

原文

交友须带三分侠气，做人要存一点素心。(《菜根谭》)

译文

跟朋友相处时必须抱着患难与共、拔刀相助的侠义气概，而做人则要有一颗天真善良的赤子之心。

解读

与人交朋友，不能只重视饮宴谈笑的交际应酬，而应重视道义之交。要有一颗患难相助的侠义之心，遇到事情时，才能互相帮助，彼此扶持，真正做到“有福共享，有难同当”。否则，如果只是萍水相逢，或商场上的往来，或工作上的接触，那只是交际应酬罢了，谈不上朋友之交。如果抱着互相利用的态度去交友，那就更是违背了交友之道，不会拥有真正的朋友。

做人，就应该保持一颗纯洁善良的赤子之心。有了纯洁善良的心，思想也才会纯洁无污，便不会做出奸邪的事情，所以也不会失去做人的准则。只要保存一颗善良的心，就能与邪恶的势力对抗。

时时心存一颗素心修养自身，随世俗而不为外物所染，并以一颗侠义之心去影响周围的友人，如此，人人不但能独善其身，更能够兼善天下。

案例

荀巨伯大义凛然救友人全城

所谓“黄金万两容易得，知己一个也难求”，管仲与鲍叔牙、伯牙与钟子期、纳兰性德与顾贞观……他们之间的友情至真至诚，千百年来为人们所传颂。而古代的友情又常常与“义”字相连，情义被视为评价一个人是否可以交往的标准。

荀巨伯是东汉桓帝时期一位道义之士，一天，他不远千里，去探望一位身患重病的朋友，不料赶上匈奴人正在攻打朋友所在的城市。

朋友对荀巨伯说：“我是要死的人了，你快走吧，不要无辜受到伤害。”荀巨伯说：“我千里迢迢来看你，就是要好好照顾你，在艰难的日子陪伴你，现在你却让我离开，令我为求活命而陷于不仁不义之境，这难道是我荀巨伯的所作所为吗？”朋友无奈，只好让荀巨伯留下，荀巨伯悉心照料，朋友十分感动。

不久，匈奴人攻破城墙进入城中，很快就闯到了荀巨伯朋友的家中，发现这座他们本以为空无人烟的城市却还有这样两个人，一个病在床上，一个在床边端水喂药。匈奴人很奇怪，如此兵荒马乱之时，竟还有人这般淡定从容。

就对荀巨伯说：“我们的大军已经到了，整座城都空了，你是什么人，竟然还敢留在这里？”荀巨伯说：“朋友身患重病，我不忍心抛弃他，现在我愿意用我的死来换取他的性命，请你们放过我的朋友。”

匈奴人听了，颇为惊讶，相互商量着说：“我们这些没有道义的人，却闯入了一个有道义的国家。”然后率军撤离了。

就这样，荀巨伯“不战而屈人之兵”，整座城池因而得以保全。

可能会有人对故事的结尾感到质疑，在外敌的铁骑踏进城池之后，能有几人在他们的利刃之下成活？何况荀巨伯没有高强的武功，有的仅仅是对朋友的一片真情？马克思说：“野蛮的征服者总是被他们那些所征服的较高文明征服。”其实，真正击退匈奴军队的，正是荀巨伯的仗义之举、大义之言。人生难逢一知己，缘分可遇不可求，在遇到可以作为知己的人时，我们要懂得把握；同样，在与别人交往时以诚相待，才是找到真心朋友的不二法门。

原文

遇欺诈之人，以诚心感动之；遇暴戾之人，以和气薰蒸之；遇倾邪私曲之人，以名义气节激砺之：天下无不入我陶冶中矣。(《菜根谭》)

译文

遇到狡猾不诚实的人，要用一颗真诚的心来感动他；遇到性情狂暴乖戾的人，要用温和的态度来感化他；遇到行为不正自私自利的人，要用大义气节来激励他。假如能做这几点，那天下就没有人不受我美德的感化了。

解读

世界上的人千人千面，千变万化，每个人都有着不同的性格，但每个人也都要面临适应人生，适应社会的问题。所谓以不变应万变，面对大千世界，我们要抱定以诚待人，以德服人的态度来适应人们个性的不同。

即使是对待冥顽不化的人，我们也要以一颗真诚的心来对待他、感化他，所谓“精诚所至，金石为开”。用我高尚的情操、道德来感化别人，开启别人的良知，历史上这样的例子很多。即使是真正冥顽不灵的人，如果他能够朝闻道而夕死，这也算是一种临终而悟，而达到了德化的目的。

在与人交往的过程中，我们不能做统一的标准，要仔细揣摩每个人的不同心态和性格，区别对待，运用不同的技巧，在此过程中，更要坚持用我的美德来与人相处，保持真诚平和的人际交往。

案例

韩延寿为官以德造福百姓

孟子有云："以力服人者，非心服也，力不赡也；以德服人者，中心悦而诚服也。"别人发自内心的改变才是真正的改变，所以用自己的品德、修养来感化别人，胜过刀剑的威慑管制。历史上很多明君贤臣都重视德行教化，以此赢得百姓的信任、受到百姓的敬重。得民心者得天下，驭民心者也才能驭天下。

韩延寿字长公，燕地人，汉宣帝时期著名的士大夫，任职时以道义、教化为主，深受百姓爱戴。他起初被霍光提拔任谏大夫，后来调任颍川太守。颍川境内有许多依仗权势横行霸道的人，难以治理。在这之前，赵广汉任太守，担忧那里的习俗是同一类人大都为私利勾结成团伙，所以就结合串通官吏和百姓，让他们相互告发隐私，颍川从此以后把这样作当作俗尚，百姓之间有许多仇怨。延寿想改变这种状况，用礼让来教导百姓。担心百姓不听从，就把郡中受到乡里信任拥戴的几十位年长的人一一召请来，备办酒饭，亲自陪他们吃饭，用礼敬之心相待，向他们询问民间风俗和百姓疾苦，给他们陈说和睦亲爱、消除仇怨的办法。这些年长的人都认为不难做到，可以施行，于是韩延寿就和他们议定嫁娶丧祭的仪式用品，大略依照古代的礼仪，不许逾越法规，老百姓都遵循他的教谕。几年以后，他调任东郡太守，黄霸代替他在颍川任职，黄霸承袭他的做法，把颍川治理得很好。

韩延寿为官，崇尚礼义，追求古代的礼仪教化，所到之处一定聘请那里的贤明之士，以礼相待给以任用，拓宽出谋献议的言路，采纳谏诤的言论；整顿学校，春秋两季举行乡射活动，用比赛射箭的办法选拔人才。届时，赛场上陈列钟鼓、管弦，举行隆重的仪式，人们上下赛场时，都相互作揖礼让。到每年检阅地方武装的"都试"举行时，在考场上设置斧钺、旌旗，命将士们演练骑马射箭之事。修治城郭，收缴赋租，事先明示宣告日期，把按规定期限施行政令作为大事，官吏和百姓产生敬畏之心走向正轨。又设置正、五长，拿孝顺父母敬爱兄长给人们做表率，不许留宿坏人。乡里大街小路一旦发生变故，官吏就能得知消息，奸人没有敢进入东郡管界的。起初，百姓认为这一系列做法好像很麻烦，后来就习惯了。韩延寿对待手下官吏，施加的恩惠特别厚重，可是规章誓约很严明。有欺骗辜负他的，韩延寿痛心地苛责自己道:“大概是我对不起他了吧，为什么会达到这个地步？”听到这话的官吏各自伤心悔恨，门下一个掾史还因此自刎，被人救起，但喑哑不能说话了。延寿得知这一情形，面对着他哭泣，派医官给以治疗，厚恤他的家人。

韩延寿在东郡任职三年，有令则行，有禁即止，判决案件的数量大大减少，成为天下最好的州郡。

不愧为一代名臣，韩延寿在治理地方中表现出的卓越才华令人钦佩，同时，更应称赞的是他对待当地百姓的诚心、和气、名义气节，他为官以德，尊重百姓，以德行事，善于走“群众路线”，将心比心，百姓自然会爱戴这样一位设身处地为他们着想的好官。在韩延寿身上，我们看到的是以诚相见在人际交往中的力量，春风化雨，真诚待人总有收获的一天。

原文

遇沉沉不语之士，且莫输心；见悻悻自好之人，应须防口。(《菜根谭》)

译文

遇到表情阴沉而不喜欢说话的人，千万不要随便地就向他推心置腹；遇到一个自以为了不起又固执己见的人，就要小心谨慎尽量少说话。

解读

人立于世，可发现每个人都有其独特的习惯和个性，所以表现出来的方式也就不一样。有的人高谈阔论，有的人沉默不语，有的人为人阴险狡诈，有的人高深莫测。

一个人在社会上生存，必须处处多加提防，自然不必察言观色、阿谀奉承，不可“事无不可对人言”，应该把各种表情习惯加以分类，以保证待人接物时有把合适的尺子。不然一旦遇到心地险恶的人，我们就会深受其害，所以懂得识人也是很重要的。如果我们在说话的时候，根本就不会去看对方究竟是什么样性格的人，就同人家直言直语，就会给自己招致很多的麻烦。

俗话说：“逢人只说三分话，莫要全抛一片心。”不经过一段时间的观察，是看不出一个人品行好坏的，也就很难决定交往的程度，说话的深浅。无论在生活还是在工作中，我们都应该多思忖，话到嘴边留一半。这就是古人说的“交浅言深，君子所戒”的道理。只有这样，才能使我们免受不必要的损失。

案例

陈平周勃见机行事终平诸吕

为人处世，还须谨言慎行，语多必失，祸从口出，言者无心听者有意，孔子说：“君子欲讷于言而敏于行。”历史上有很多人因为多说而遭受不幸。杨修正是因为说出曹操的心思而被杀害的，但是还有一些人，在险恶的环境中得过且过，一旦时机成熟，便迅速出手，扭转乾坤。

汉高祖刘邦死后，其子，十七岁的刘盈即位，他生性仁弱，吕后独揽大权。刘盈二十三岁时病死。其母吕后立少帝，并由吕后临朝称制。四年后，少帝被废，吕后开始立恒山王刘弘为帝。吕后临朝，极力培植吕家势力，削弱刘家势力。

一次，吕后和右丞相王陵、左丞相陈平以及太尉周勃商议给异姓封王之事。右丞相王陵极力反对，认为这样做违背了白马盟誓（高祖曾经和大臣们刑白马，杀了一匹白马，用白马的血涂在口上，表示信守诺言，诺言就是非刘不王、非功不侯，否则，天下共击之。）右丞相反对，吕后心中大为不快。转过来问左丞相陈平，然后问太尉周勃，他们两个人回答：当年高皇帝打下天下，分封他的刘姓子弟为王；现在，是太后主掌天下，封吕氏为王，这是合情合理的，没有什么不可以的。吕后很高兴。

下朝以后，王陵责问陈平、周勃，说当年白马盟誓的时候，你俩都在场，为什么今天不坚守高皇帝当初的盟约？陈平笑了笑，回答说，今天在朝堂之上，当面顶撞太后，我们确实不如你，但是，反过来，将来安定刘氏天下，你也不如我们。

之后，吕后就让王陵去做前少帝的太傅，实际上是让王陵交出右丞相之位。陈平由左丞相升为右丞相，陈平却天天耽于酒色。吕后大封吕氏族人，陈平唯唯诺诺。吕后一死，陈平就和太尉周勃一举诛灭诸吕，恢复了刘氏天下。

与王陵相比，就当时具体情况而言，陈平、周勃的做法更为明智，因为以他们的力量，还无法与吕后抗衡，吕后去世就不同了，他们一呼百应，铲除诸吕是顺理成章的事情。可是，如果他们也同王陵一样刚直，那么手中就不会有一点权力，即便日后有机会，但是又拿什么来调兵遣将呢？所以，做人做事，要相机而行，这样在关键时刻才能有力挽狂澜的可能。在工作和生活中也是如此，适当改变自己，以保全自身，为自己积蓄力量，有时也是一种处世哲学。

原文

害人之心不可有，防人之心不可无，此戒疏于虑者；宁受人之欺，毋逆人之诈，此警伤于察者；二语并存精明不尽而浑厚矣。(《菜根谭》)

译文

“害人的心思不可有，防人的心思不可没有。”这是用来劝诫在与人交往时警觉性不高的人；“宁可忍受他人的欺骗，也不事先拆穿他人的骗局”，这是用来劝诫那些警觉性过高想得太细的人。如果一个人在和别人相处时能牢记上面的两句话，就算得上是警觉性高又不失宽厚的待人之道。

解读

人不能有害人之心，因为你能害别人，别人也可能会害你，“以其人之道，还治其人之身”。但防人之心也不可无，有的人由于心里坦荡，总觉得自己所言所行没有什么不可告人的，说话做事不分轻重，不看对象，结果反而授人以把柄，这种人就犯了太相信人的不足。毕竟“明枪易躲，暗箭难防”，小人要害你，是不会事先告诉你的。

但是防人也是有前提的，不是谁都防，对于那些坏人、小人、俗人，我们是非防不可的。对于德高望重之人，则可以稍减一些防人之心。不随便露出个性上的弱点，不轻易显露你的欲望和企图，不露锋芒，不得罪人，勿太坦诚。别人摸不清你的底细，也就无从加害于你了。“人无打虎心，虎有伤人意”，在与人交往的过程中，心中要保持警觉心，但又不能失去我们宽厚的待人之道，只要把握好两者之间的度，我们的工作和生活就会顺畅很多。

案例

公子目夷防楚之心保国卫君

虽然世界上并不全都是坏人、小人，但是古往今来，深谙世事的人都懂得提防别人。曾国藩曾说，居有恶邻，坐有损友，借以检点自慎，亦是进德之资。处处加以防范，谨言慎行，不仅增进自己的品德修养，还为自身避免了很多不必要的伤害。做人尚且如此，身为一国之君如果不知防范，那么受到牵连的，就不仅仅是一个人了。

齐桓公死后，诸侯霸主之位空缺，宋襄公想效仿齐桓公，会合诸侯，确立自己的霸主地位。周襄王十三年（公元前639年）春，宋襄公在鹿地首次会合诸侯，襄公以盟主之位自居，引起齐君和楚王的不满，宋襄公又自作主张，没有经过齐楚两国的同意就约定当年的秋天再次在盂地会合诸侯。

宋公子目夷劝告襄公说："宋是小国，小国要争当霸主会招来灾祸。"但襄公不听。临行之前，公子目夷又劝宋襄公说："楚国是个蛮夷之国，他们恃强而不讲信义。希望您带着军队去赴会。"宋襄公说："不行！我和他约好是和平会谈，我自己决定的，怎么能自己毁约。这样做是不行的。"宋襄公不听劝告，最终还是没带军队前往赴会。

到了约定之日，楚、陈、蔡、许、曹、郑等六国之君都来了，楚国早已埋伏好了军队。宋襄公与楚成王因争夺诸侯霸主地位发生争执，楚成王突然命人抓住了宋襄公，把他带回楚国囚禁起来，并挟持他讨伐宋国。

宋襄公对公子目夷说："你赶快回去守护宋国。从此以后，宋国就是你的了。我不听从你的劝告，以致有这样的下场！"公子目夷答道："即使您不说，我也认为宋国本来就是微臣我的国家了！"

于是公子目夷回到了宋国，设置守御的器械来保卫宋国。楚人对宋人说："你们不把宋国给我国，我们就杀了你们的君王！"宋国人答道："赖社稷神灵的保佑，我国现在已经有新的国君了！"楚人知道即使杀了宋襄公，也得不到宋国，于是就放了他。宋襄公被释放后，逃到了卫国。公子目夷派人对他说："宋国我已经替您守住了，您为什么不回来呢？"然后他把宋襄公接回了宋国。

宋襄公自不量力，图谋称霸，又不加设防，招来被囚之祸，公子目夷懂得防范别人，最终救国救君。可见，处处对别人加以提防，是有百利而无一害的。生活在如今的社会更需如此，人们之间的信任度低，有些不法分子为谋取自身利益，利用各种手段行骗，遇到这些骗局，我们需要谨慎对待，不要落入他们的圈套，让自身的利益受到损害。

原文

君子宜净拭冷眼，慎勿轻动刚肠。(《菜根谭》)

译文

一个有才学品德的人不论遇到什么情况，都应保持冷静的态度去细心观察，绝对不可以随便表现自己耿直的性格以免坏事。

解读

正派的人一般待人都比较热忱，胸怀坦荡，遇事正直。但在为人处事上还是要讲究方法，待人热忱没有错，但热情过度，往往会造成主观愿望与客观效果相悖，可能招致别人的怨言，甚至有可能因为一时的热情而铸成大错。

性格耿直的人一般都比较直率，他们对于自己的想法往往直言不讳，不多加掩饰。遇事直率当然没错，但有时也要看对象能否接受，不能因为自己的直率而伤害到别人。有时直率的出发点是好的，办事的设想也是可行的，但很可能由于性格不和而难以成事。

我们遇事的目的是为了解决问题，把事情办好，决不能只为了表现一下自己的热情和直率，而要保持冷静的态度去看待问题，解决问题。当大任者就更应遇事冷静了，若动不动就使性子，则轻则自毁前程，重则毁了大业。

案例

周亚夫性情刚直终酿人生悲剧

周亚夫，西汉时期的著名将军、军事家，官至丞相，名将绛侯周勃的次子，是历史上颇有名望的军事家。

一天，赋闲在家多时的西汉名将周亚夫，应景帝之邀前往皇宫参加一场宴会。安坐下来之后，他发现自己面前虽然摆放了一大块肉，可肉是整的，没有切开，而手边又没有任何餐具，空有美味在眼前，却吃不到嘴里。周亚夫心中生气，就马上招手向管事的要餐具，一切早已被景帝看在眼里，景帝笑着说：“莫非这还不能让你满意吗？”周亚夫羞愤不已，但也知道皇帝不高兴了，只得不情愿地向景帝跪下请罪。景帝刚说了个“起”，他就马上站了起来，不等景帝再说话，就自己走了。望着他的背影，景帝叹息说：“这种人怎么能辅佐少主呢？”

在西汉，周亚夫以刚正不阿著称。一次，文帝去他的驻军之地慰问，他不仅不去迎接，还紧闭营门，宣称“军中只听从将军的命令，不听从天子的诏令”。直到经过他的允许，皇帝的车队才得以进入营中，周亚夫又发出警告说“军营中不准纵马奔驰”。即使见了皇帝，他依然手持兵器，仅以军礼相见，一揖而已。文帝为之动容，出了军营大门，出了一身汗，感叹说：“这才是真正的将军啊！”后来周亚夫奉命平定七国之乱，作为皇帝亲兄弟的梁王再三请求救援，他坚定地贯彻战前制定的战略，不计后果，不为所动，直到夺取了战争的胜利。再后来，周亚夫当了宰相，其强硬的性格在执政上风采依旧，在诸如皇帝要改立太子、给皇后的哥哥封侯等大事上坚决投了否决票。景帝又要给前来投降的匈奴将军封侯，再次遭到周亚夫的反对，景帝非常不高兴，还是按自己的意志办了，周亚夫改为无声地反抗，称病辞职。

景帝这次宴请，其实就是想给太子安排托孤之臣的人选，想看看周亚夫的脾气是不是改变了，不想秉性难移。不久有人告发周亚夫谋反，失望的景帝不再给他机会，令廷尉府严查。曾经指挥过百万大军的周亚夫，面对刀笔小吏的淫威，备感屈辱，他拒绝回答，以绝食抗议，五天后，吐血身亡。

当年，善于看相的许负曾言周亚夫会因饥饿而死，周亚夫的结局被他言中。性格决定命运，周亚夫的强硬性格最终导致了他的悲剧结局。后人徐钧如此评论他：“削平吴楚大功成，一旦生疑触怒霆。自是君王多任刻，非关许负相书灵。”曾经叱咤风云的一代名将落得如此下场，人的性情可以刚直，但是在必要的时候，还需要进行适当的改变。

原文

饥则附，饱则飏；燠则趋，寒则弃，人情通患也。(《菜根谭》)

译文

穷困饥饿的时候就想着要投靠别人，吃饱了就远走高飞；当别人富贵了就去巴结，而贫困了就鄙弃，这是人际交往中普遍存在的毛病。

解读

俗话说："贫居闹市无人问，富在深山有远亲"，古往今来，在经济利益的驱动下，嫌贫爱富、趋炎附势似乎已成了一种人之常情，成为世人的一种通病。但这并不能表明这种观点得到了人们的认可，因为在这一现实下的人际交往中，人们很难有真感情的流露，人与人之间缺乏真诚。

其实是不是真的朋友，在你事事一帆风顺的情况下是很难看得出来的，可是一旦你处于患难中，就可以看出一个人是不是你真正的朋友。那些利益之交会离你而去，而真正的朋友则会一如既往地与你相交，甚至对你更好，尽更大的努力去帮助你。

正派人一般都待人热诚，所谓古道热肠；遇事正直，所谓胸怀坦荡。他既不会巴结，更不会趁人之危，落井下石。所以，在社交中要慎重择友交友，结识真正的朋友，真正的朋友是君子之交淡如水的。

案例

孟尝君官场失意 三千门客仅剩冯谖一人

孟尝君即田文，战国时齐国贵族，战国四公子之一，曾任齐国相国，因封袭其父爵于薛国（今山东滕州市官桥镇），又称薛公，号孟尝君。因“好客养士”“乐善好施”而闻名天下。

孟尝君对待门客，不惜“舍业厚遇之”，宁肯舍弃家业也给他们丰厚的待遇，因而“倾天下之士”，天下的贤士无不倾心向往。孟尝君的食客有几千人，待遇不分贵贱一律与他相同。每当孟尝君接待门客，与门客坐着谈话时，总是在屏风后安排侍史，让他记录自己与门客的谈话内容，记载所问门客亲戚的住处。门客刚刚离开，田文就已派使者到门客亲戚家里抚慰问候，献上礼物。贤士们因此有很多人都情愿归附孟尝君。而孟尝君对于来到门下的门客都热情接纳，不挑拣，无亲疏，一律给予优厚的待遇。所以门客人人都认为孟尝君与自己亲近。

冯谖是门客中的佼佼者。他以怪人面目出现，起初为了试探孟尝君的胸怀和眼光，曾三番五次地向孟尝君提出近乎苛刻的要求，但孟尝君无一例外地都满足他而从来不嫌弃。当他发现孟尝君是一个不势利、宽厚大度、值得为他出谋划策的领袖时，毅然决定竭尽全力以事孟尝君。

一天，孟尝君发出布告，征求可以替他至封邑薛城收债之人，冯谖自愿前往。临行前，冯谖问孟尝君收完债之后买什么回来，孟尝君说买家里缺少的东西。冯谖到薛地对完债券合同之后，矫造田文的命令，把债券合同烧毁，薛地老百姓高呼“万岁！”冯谖赶回去，一早便求见，向孟尝君交代买了“义”回来。孟尝君问什么是买“义”，冯谖回答：“您不照顾、疼爱人民，而加以高利，人民苦不堪言。我于是伪造了您的命令，烧毁了所有的借据，老百姓都欢呼万岁，这就是买‘义’。”孟尝君听完之后很不高兴。

一年之后，齐湣王听信谗言，削除田文的相位。数千宾客见孟尝君已经失去了官职，纷纷离去，只有冯谖陪伴左右，随田文回到封邑薛城，在离薛城百里远的地方，薛城的百姓纷纷前来迎接他。此刻，孟尝君才明白冯谖市义的良苦用心。

在失去官职之后，孟尝君体察了世态炎凉、人情冷暖。其实，在今天这样重视金钱的社会，利益似乎成为很多人交友的唯一标准，难免有人感慨人情冷漠。所以，真正的友情似乎可遇不可求，在日常交往中，我们需要擦亮自己的双眼，对真心朋友以诚相待，在对方危难之际出手相救，患难之交才是真朋友。

原文

只见得眼前都不可意，便是个碍世之人。人不可我意，我必不可人意。不可人意者我一人，不可我意者千万人。呜呼！未有不可千万人意而不危者也。是故智者能与世宜，至人不与世碍。（《呻吟语》）

译文

如果满眼看到的都是不如意的事情，这个人便是个阻碍世界的人。如果人们都不合我的心意，那么我也一定不合他人的心意了。不合他人心意的人只有我一个，但不合我心意的人却有千千万万。哎呀！世界上没有不合千千万万人的心意而不处在危险中的人啊！因为这个缘故，真正的有智慧的人能够与世界相适应，真正的智人是不会给世界带来阻碍的。

解读

人是社会中的一个个体，想要在社会中生存下去，就必须与他人保持正常的交往。如果我们觉得世界上没有一个好人，什么事情都不顺心，那么，到头来感到痛苦的只能是我们自己，而不是别人。没有谁违背了大多数人的心意却能够事业畅达，生活美满的。

真正有智慧的人绝对不会跟世人过不去，他们知道与人和睦相处的重要性，他们会改变自己去适应这个世界。因为谁站在多数人的立场上，谁就得人心，谁就是正确的，谁站在少数人的立场上，谁就会被世界抛弃。

世界因为不同才美好，世界也因为有了各种各样的人才多姿多彩。我们只要把自己的眼界放宽一点，也就不会看不惯别人了，我们的生活也会少了很多矛盾，多了几分快乐。

案例

冯道乱世为官拯济苍生

孟子有云："穷则独善其身，达则兼济天下。"古代儒士以此为人生准则，力求做到兼济苍生。但是古代文人还有一种精神，讲究气节，认为良禽择木而栖，明臣不投暗主。苏武持汉节牧羊受人敬仰，文天祥不肯事元主而流芳千古。但是历史上有这样一个人物，被称为官场上的"不倒翁"，他就是冯道。

周世宗亲征北汉前，召集群臣商议。大臣们纷纷劝阻，周世宗不听，别的大臣不再说什么。只有一个老臣站出来反对，他就是太师冯道。周世宗对冯道说："过去唐太宗平定天下，都是自己带兵。我怎么能苟且偷安呢？"冯道冷笑一声说："陛下能够比得上唐太宗吗？"周世宗激动地说："我们有强大的兵力，要消灭刘崇，还不是像大山压鸡蛋一样容易。"冯道说："不知道陛下能像一座山吗？"周世宗听了十分气愤，甩袖离开朝堂。后来，别的大臣转而支持周世宗，周世宗为此对冯道十分不满。不久，派冯道监管修造周太祖坟墓，冯道郁郁而终。

冯道，字可道，自号长乐老，五代瀛州景城（今河北交河东北）人。冯道历任后唐庄宗户部尚书、翰林学士，明宗时出任宰相，后晋高祖、出帝时均连任宰相，契丹灭晋后，被任为太傅，后汉代晋后任太师，后周代汉后依然任太师。冯道从政三十余年，经历了五朝（后唐、后晋、后汉、后周，还有契丹）十一位国君，且做得都是宰辅级官员，可谓位极人臣。他好学能文，主持校定了《九经》文字，雕版印书，世称"五代监本"，为我国官府正式刻印书籍之始。

纵观冯道一生，堪称标新立异、特立独行：既毫无气节可言，又拯济苍生；既认可外族皇帝，又救下汉人无数；既善于藏拙，又重视文化建设；为官既见风使舵，又严于律己。身为一代儒士，冯道缘何能够在混乱不堪的时代成为能臣贤吏？他在一首诗中这样写道："莫为危时便怆神，前程往往有期因。终闻海岳归明主；未省乾坤陷吉人。道德几时曾去世，舟车何处不通津？但教方寸无诸恶，狼虎丛中也立身。”这里可以看到他既要洁身自好又打算委曲求全的人生哲学。

其实，冯道的选择也是出于无奈，他可谓不幸之极，所处时代改朝换代最为频繁，士人如果都逃避现实，谁来济苍生？更何况以冯道当时的名气，隐居也是不可能的。“小隐隐于山，大隐隐于朝。”在隐居与为官之间，选择了后者。

尽管朝代更迭，但冯道为官都秉持以下几点原则：一、体恤民生、热助邻里。父亲去世，冯道解职回河北老家守孝，不讲排场，仅住茅草屋。他不仅深知民间疾苦，还自己亲力亲为种地砍柴。正逢家乡饥荒，自己工资有余便接济邻里相邻。老家当地官员送礼，他一律坚辞不收。二、为官廉洁、严格自律。外出打仗，冯道依然住茅草屋，不设床席，席草而睡；自己不开小灶，与将士们一个锅里吃饭，自己的工资经常接济左右下属同事。三、待己甚严、不贪女色。在战争中，军士将掠来的美女送给他，他推却不去时，就安置起来，等到战争结束找到原来的亲人再送她们回去。四、富有远见、重视文化。冯道少年时酷爱读书，他当宰相后与其他官员一起，以官方财力将刻在石头上的儒家经典用雕版印刷。这是历史上首次以雕版大规模印刷儒家经典，即使改朝换代，冯道都全力推动，二十年不辍。乱世中能够有如此文化盛举，与冯道个人的努力不可分。五、宽容大度、奖掖贤能。冯道担任宰相期间，贫寒的读书人只要有真才实学，都能够得到重用。

尽管世事沧桑，但冯道以自己的勤政爱民之心，拯济天下苍生，不得不令人心生钦敬。在不能改变自己所处的环境时，怨天尤人固然不可取，我们只有接受它、适应它，在自己力所能及的范围内让事态向好的方向转变，也不失为一种明智之举。

原文

坐间皆谈笑而我色庄，坐间皆悲感而我色怡。此之谓乖戾，处己处人两失之。(《呻吟语》)

译文

与大家坐在一起谈笑风生的时候，只有我一人面色庄重；大家都在悲愤感伤的时候，只有我一人面色欢欣。这就叫作乖张暴戾，对自己和对别人都不会有什么好处。

解读

有些人总是想要跟别人不一样，说话做事情总是要显得自己与众不同。比如大家聚一起都玩得很开心，但他就喜欢独自坐在一旁，好像很不屑与大家为伍，这自然让大家都会感到不高兴。同样，如果大家都沉浸在悲痛中，但他却表露出兴高采烈的神色，不免让人觉得他是在幸灾乐祸。这样也会招来别人的厌恶和攻击。

一个人生活在社会这个群体中，就要学会去处理好个人与群体之间的关系，我们既不能因为群体而失去自己的个性，也不能因为个人而违逆群体的感情。我们在表达自己喜怒哀乐的同时，不能干涉到别人的生活，否则你将会被大众抛弃，也会给自己的心灵造成伤害。所以，在与大家相处时，一定不要刻意表现自己的与众不同，不要违逆了大家都存在的原则。

案例

姜子牙平易近民简政治齐

每到一处，入乡随俗，不仅拉近自己与周围人的距离，也为自己在新的群体中立足创造条件，也更容易被别人接纳。众人皆醉我独醒未免有标新立异之咎，举世皆浊我独清难免有特立独行之嫌，做人，还需脚踏实地，与身边的人融合到一起，才能为自己的成功立下根基。

西周时期的周公是周武王的弟弟，曾助他灭商建周，后来被封在鲁地，而曾辅佐文王、武王灭商建周的姜子牙被封在齐地。为了辅佐王室，周公派长子伯禽接受封地，当了鲁公。

姜子牙受封之后仅仅五个月，便向周公汇报自己的治理情况，周公惊奇地问："你怎么这么就报告情况呀？"姜子牙回答："我简化了君臣之间的礼节，一切按照当地风俗去做，所以这么快。"

而伯禽到鲁地后，过了三年才向周公汇报在那里施政的情况。周公很不满意，问他："为什么这么迟才来汇报？"伯禽答道："改变那里的习俗，革新那里的礼法，三年后才能看到效果，所以来晚了。"

周公感叹说："唉，鲁国的后代将要当齐国的臣民了！政令不简约易行，百姓就不会对它亲近；政令平和易行，百姓就必定会归附。"

得民心者得天下，而想要得民心，首先就要深入百姓、尊重百姓、关注百姓。姜子牙正是看到了这一点，才顺应齐地百姓，依照他们的习惯行事，才得到了百姓的认可，办起事情来自然得心应手。实际上，治理国家是如此，做人亦是如此，在有缺陷的人面前不要讥笑，在大家都伤心的时候不要开怀大笑，都是对别人的一种尊重，在照顾了别人的情绪的同时，也成就了自己的品德修养，对自己的人际交往而言更是大有裨益的。

评议卷

第十

原文

声妓晚景从良，一世之烟花无碍；贞妇白头失守，半生之清苦俱非。语云:“看人只看后半截。”真良言也。(《菜根谭》)

译文

以卖身卖笑为业的妓女，到了晚年如果能嫁人从良，那么她以前的妓女生涯并不会对后来的正常生活构成伤害；可是一个一生都坚守贞操的节烈妇女，到了晚年由于耐不住寂寞而失身，那她半生守寡所吃的苦就会付诸东流。俗话说:“要评定一个人的功过得失，关键是看他的晚节。”真是一句至理名言呀。

解读

在做事上，有一个很好的开头很重要，但有一个令人满意的结尾却更重要，不能给人留下一种有始无终、只重开始不管结果的印象。做人也是一样的道理，“晚节不保”最值得痛惜，只有活到老学到老，不断坚持完善自己，保持一个完整的人格，才能实现道德的完善。

人们对于朝闻道而夕死是大加褒扬的，因为过去的即使有很多不足，但终因迟到的善举得以弥补，一个人不论以前出身如何低贱，生活如何堕落，只要能够下决心痛改前非、重新做人，世人不但会原谅他们过去的失足与不幸，而且会钦佩他们的毅力与勇气。反之，如果一个人虽然有很好的出身和过去，到了晚年如果受不了金钱权势的诱惑而入歧途，那也只能落得一个遗臭万年的恶名。

一个人的晚节实在重要，人的一生要到盖棺才能论定。好的开头不容易，好的结局就更难。所以我们时刻都要解剖自己、反省自身，不管到了任何时候都不要放松警惕，要让自己有一个正确而完整的人生。

案例

一代烈女乐羊子妻才识过人品德高尚

“脱裙衫，穷不妨；布荆人，名自香。”千百年来，中华民族具有视名誉重于一切的传统，与之相伴的是无数感人至深的历史故事，一个个可歌可泣的历史人物，或深沉哀婉或欢快动人，一个个活灵活现的历史人物，或疾恶如仇或义正词严，他们有如一盏盏明灯，照亮了后人的心路。乐羊子妻正是这样的一位人物，她出身平民百姓，事迹在范晔的《后汉书》中有所记录。

羊子曾经在路上捡到一块别人丢失的金子，高兴地拿回家把金子给了妻子。妻子说：“我听说有志气的人不喝‘盗泉’的水，廉洁方正的人不吃讨来的食物，何况是捡拾别人的失物、谋求私利来玷污自己的品德呢？”羊子听后十分惭愧，就把金子扔到野外，然后远出拜师求学去了。

一年后羊子回到家中，妻子跪起身来问他回来的缘故。羊子说：“出行在外久了，心中想念家人，没有别的事情。”妻子听后，就拿起刀来快步走到织机前说道：“这些丝织品都是从蚕茧中生出，又在织机上织成。一根丝一根丝地积累起来，才达到一寸长，一寸一寸地积累，才能成丈成匹。现在如果割断这些正在织着的丝织品，那就无法成功织出布匹，迟延荒废时光。你积累学问，就应当‘每天都学到自己不懂的东西’，以此来成就自己的美德；如果中途就回来了，那同切断这丝织品又有什么不同呢？”羊子被他妻子的话感动了，重新回去修完了自己的学业，七年没有回来。

这期间，一次邻家所养的鸡误闯入乐羊子的园中，婆婆偷偷抓来杀了做菜吃。吃饭时，乐羊子妻却对着那盘鸡流泪，不肯吃饭。婆婆很奇怪，问她原因，乐羊子妻说：“我是难过家里太穷，饭桌上竟然吃别人家的鸡。”婆婆听了非常惭愧，就把鸡丢弃了。

后来有盗贼想侵犯乐羊子的妻子，就先劫持她的婆婆。乐羊子妻听到后，拿着刀跑出来，盗贼说：“你放下刀依从我，就保全你们的性命，如果不从我，我就杀了你婆婆。”乐羊子妻仰天叹息，举起刀子就刎颈自杀了。盗贼也没有杀她婆婆就逃跑了。太守知道了这件事后，抓捕那盗贼，就赐给乐羊子家丝绸布帛，为她举行丧礼，赐予“贞义”的称号。

家有贤妻是乐羊子的福气，正是因为如此，他路不拾遗、学有所成。而乐羊子妻在危难之际所表现出来的高尚气节更为世人所称道。如果有妻如此，那么严嵩父子不会成为刀下囚、和珅也不会成为罪臣了。“人过留名，雁过留声”。“不要人夸好颜色，要留清白在人间”。在诱惑面前保持清醒的头脑，对于自己的名声倍加珍惜，处处严格要求自己，才是智者的选择。

原文

人之短处，要曲为弥逢，如暴而扬之，是以短攻短；人有顽固，要善为化诲，如愤而疾之，是以顽济顽。(《菜根谭》)

译文

对于别人的缺点过失，要婉转地为他掩饰或告诉他，如果你去揭发传扬，是在用短处来攻击短处；发现一个人个性比较愚蠢固执时，就要很有耐心地进行诱导启发，如果生气或者厌恶他，就是在用愚蠢固执去救助别人的愚蠢固执。

解读

如果我们发现身边的人有什么缺点和短处的时候，我们要尽量委婉地提出自己的意见和想法，真心诚意地希望别人改正自己的缺点，这样才能够弥补他们的过失，也会使我们内心坦然。对于那些思想保守，顽固不化，做什么都不考虑别人感受的人，我们要善于开导，去感化他们。

而如果对于别人的缺点抱住不放，大肆宣扬，对别人抱着恶劣的态度，或者轻视怨恨别人，这不仅不能帮到别人，对自己也是极为不利的。

俗话说“金无足赤，人无完人”，每个人都有自己的一些习惯，有些习惯或许不为别人所接受，如果我们是一个善于处世的人，就应该学会在尊重别人个性的前提下，试着去化解，而不是厌恶，一个不能接受别人不足的人，自己也必定有不为人接受的缺点。所以，我们“勿以短攻短，勿以顽济顽”，学会由人及己，这才是正确的为人处世之道。

案例

邹忌抚琴劝谏齐威王行治国之道

人非圣贤，孰能无过？勿扬人过是一种修为，而帮人改过则是一种美德，委婉地指出别人的过错更是一种智慧，而规劝别人则是一门艺术。历史上以善于规劝而闻名的人有很多，魏徵、纪晓岚都以善于进谏而知名，他们的勇气令人佩服，他们的智慧令人称赞。

公元前356年，齐桓公去世，儿子齐威王即位。

齐威王迷恋弹琴，经常独自在后宫内抚琴自娱，不理朝政。九年过去了，齐国国力日趋衰败。周边国家看到齐威王如此荒唐，接连起兵进犯，齐国连吃败仗。

一天，有个名叫邹忌的齐国人，自称是高明的琴师，走进王宫，对侍臣说："听说大王爱弹琴，我特地前来拜见，为大王抚琴。"侍臣禀报齐威王，齐威王很高兴，立即召见邹忌。

邹忌走进内宫聆听齐威王弹琴。听完后，他连声称赞道："好琴艺呀！好琴艺……"齐威王不等邹忌称赞声落音，连忙问道："我的琴艺好在哪里？"

邹忌躬身一拜说："我听大王那大弦弹出来的声音十分庄重，就像一位明君的形象；我听大王从那小弦弹出来的声音是那么清晰明朗，就像一位贤相的形象；大王的指法运用十分精湛纯熟，弹出来的个个音符都十分和谐动听，该深沉的深沉，该舒展的舒展，既灵活多变，又相互协调，就像一个国家明智的政令一样。听到这悦耳的琴声，怎么不令我叫好呢！"

邹忌接着说道："弹琴和治理国家一样，必须专心致志。七根琴弦，好似君臣之道，大弦音似春风浩荡，犹如君也；小弦音如山涧溪水，像似臣也；应弹哪根弦就认真地去弹，不应该弹的弦就不要弹，这如同国家政令一样，七弦配合协调，才能弹奏出美妙的乐曲，这正如君臣各尽其责，才能国富民强、政通人和。弹琴和治国的道理一样呀！"

齐威王说："先生，你的乐理之论和我想的一样，但是光知道弹琴的道理还不够，必须审知琴音才行，请先生试弹一曲吧。"

邹忌于是离开琴位，两手轻轻舞动，只摆出弹琴的架势，却并没真的去弹。齐威王见邹忌如此这般，恼怒地指责道："你为何只摆空架子不去真弹琴呢？难道你欺君不成？"

邹忌答道："臣以弹琴为生，当然要悉心研究弹琴的技法。大王以治理国家为要务，怎么可以不好好研究治国的大计呢？这就和我抚琴不弹，摆空架子一样。抚琴不弹，就没有办法使您心情舒畅；您有国家不治理，也就没有办法使百姓心满意足。这个道理大王要三思。"

齐威王因醒悟，便和邹忌大谈治国定霸大业。

"劝人不可指其过，须先美其长。人喜则语言易入，怒则语言难入，怒胜私故也。"劝人是要讲究方法和分寸的，方法得当，才能事半功倍。邹忌正是投其所好，用抚琴提起齐威王的兴趣，进而引人入彀，把话题逐渐引到治国安邦上来。规劝君主是如此，而规劝身边的人同样也是如此，每个人都有自己的尊严，如果不顾场合，妄加指责，势必令对方难堪，规劝的本意难以实现。但是换个角度，让人乐于接受，于己实现劝诫目的，于人则乐于接受意见，皆大欢喜。

原文

论理要精详，论事要剀切，论人须带二三分浑厚。若切中人情，人必难堪。故君子不尽人之情，不尽人之过。非直远祸，亦以留人掩饰之路，触人悔悟之机，养人体面之馀，亦天地涵蓄之气也。(《呻吟语》)

译文

议论道理的时候要精当详尽，谈论事情的时候要符合事实，论说别人的时候必须带上二三分的浑朴与厚道。若是刺痛了别人的感情，他人一定会难以忍受。所以，君子不会过分伤害别人的感情，也不过分责备他人的过错。这不只要远离灾祸，也是要给人留下一条改过自新的路子，从而触发他人生出改悔醒悟的动机，在此之外也顾全了他人的颜面。这也是天地宇宙包涵蓄养万物的气象啊！

解读

我们的说话议论很重要，因为这代表着一个人的世界观和人生观，也是他为人处世的态度和准则的体现。但所谓“祸从口出，病从口入。”“言多者必失。”我们在说话议论的时候要珍惜自己的言语，遇事不要轻易发表言论，没有经过思考便随意说出的话，很可能会伤害到别人的感情，所以君子要谨言。

在批评别人的过错的时候，一定要考虑对方是否能接受，要注意方式方法，要给人留下一些反省的余地。一个真正的君子，他批评人的目的是要让别人改正自己的错误，而不是要让别人难堪。他们指出他人错误的同时也保全了别人的颜面，只要是一个有自尊的人，他以后也就肯定不会再犯同样的过错了。

如果大家都能明白这些说话议论的道理，那么人世间就像那包罗万象的大自然，超脱了那种邪恶与正义的概念，我们的生活也会更幸福一些。

案例

于令仪春风化雨令邻人之子改过自新

一个人如果刁钻刻薄，他的人生之路就会坎坷不平；一个人如果宅心仁厚，他的人生之路就会少了些许牵绊。这，取决于人的为人处世之道，行事苛刻的人会在无形之中树敌过多，从而影响自己的前程，而宽厚待人，则会让自己的路越走越宽。面对别人的过错，懂得宽容，是一种气度，更是一种修为。

北宋时，曹州有个叫于令仪的人，一生勤劳持家，晚年家道殷实富足。但他从不做为富不仁欺压乡邻的事情，而是仁爱为怀，宽厚待人。

一天晚上，有人潜入他家偷东西，被他的几个儿子抓住了。喊声惊动了正在书房里读书的于令仪，他提着灯笼走过来，用灯笼一照，认出这个低着头站在他面前的盗贼竟是邻居的儿子，不禁大吃一惊："你向来是个本分的青年人，从未有不良行为，为什么现在干这种事呢？"邻居的儿子回答说："父亲近来有病，卧床不起，家里穷困，请不起医生，不得已走了这条路。"于令仪听后，很是同情，于是问他想要什么。年轻人说："需要十千钱，就可以请医生给我爸治病了。"十千钱对于令仪来说也不是个小数目，但还是如数给了他。邻居的儿子拿了钱刚要走，于邻仪又喊住他："你家很穷，现在又是深更半夜，你匆匆忙忙地带这么多钱回家，遇上巡逻查夜的盘问你，你怎么解释呢？"于是留他在家里过夜，第二天才让他回家。

事后，邻居的儿子感到十分惭愧，从此改过自新，像于老伯那样宽厚诚实待人，勤俭持家，后来终于成了一个良民。

邻居乡里都称于令仪是好人。于令仪选择子侄中的优秀者，办了学校，请有名望的教书先生来执教。儿子及侄子于杰敌，陆续考中了进士，于家成为曹州南面一带的望族。

于令仪不但原谅了邻居家儿子的偷窃行为，还送给了他想要的金钱、顾及对方的颜面，留宿家中，以避免夜巡人员的查问，处处站在别人的角度，从别人的难处出发，给予帮助和教化，如此以德服人之举，怎能不令人悔悟呢？所以，在遇到情况时，我们不妨冷静下来，用自己的善良和宽容去包容别人。

原文

人生唯有说话是第一难事。(《呻吟语》)

译文

人的一生，只有说话是第一件难的事情。

解读

说话也是一门艺术，你要说得好，可以说动泰山，力敌万钧，你要说得不好，就可能是无的放矢，闲言碎语了。关键时刻，甚至一言还可以关乎国家的安危。说话很难，是因为在与人交往的过程中，由于各种原因，人们不可能做到真正的心口如一，我们有时候听人话语也不会完全相信，还不得不去猜测别人内心真实的想法。我们在说话的时候为了不至于让别人觉得自己太浅薄，往往也会伪装自己内心的想法，任何一句话都要前思后想，字斟句酌，然后才说出来。

我们要注意说话的方式方法，在不同的场合，要用不同的言辞语调，如果不分场合，说话不多加考虑，随口去说，难免会铸成大错。所以，只有对生活有了透彻感悟，对语言的运用有了深刻体会的人才能明白世间最难的事莫过于说话了。

案例

陈平智答汉文帝 独居丞相之位

“一言兴邦，一言丧邦。”说话从来都是件重要的事儿，大到影响一个国家的兴衰，小到影响一个人的沉浮。所谓“伴君如伴虎”，自古以来，因言获罪的文臣武将不在少数，同样，也不乏因能言善辩而身居显位的人。所以，会不会说话、话说得好不好绝对是一个人能否成功的重要影响因素。

陈平和周勃都曾帮汉高祖刘邦打天下，都是西汉王朝的开国功臣，并诛灭诸吕，拥立文帝，恢复刘姓天下。文帝任命陈平为左丞相，任命周勃为右丞相，地位高于陈平。

一次朝会时，汉文帝问周勃说：“全国一年判决的讼案有多少？”周勃说：“不知道。”汉文帝又问：“全国一年金钱和粮食的收支有多少？”周勃还是回答说不知道。此时，周勃因为自己无法回答汉文帝的问话吓得汗流浃背。

汉文帝又将问周勃的问题问左丞相陈平，陈平回答说：“事情各有主管它的人。”汉文帝说：“主管人指的是谁？”陈平说：“陛下如果问到判决讼案，就查问廷尉；问到钱粮收支，就查问治粟内史。”汉文帝说：“如果事情各有主管它的人，那么您所主管的是什么事情呢？”陈平说：“主管群臣！陛下不认为我们才智平庸低劣，让我们担任宰相。宰相的职责就是向上辅佐天子调理阴阳，顺合四时，向下抚育万物适时生长，向外镇守抚慰四方夷族诸侯，向内亲附百姓，使卿大夫各自都能履行他们的职责。”汉文帝对陈平的回答感到非常满意，称赞他说得好。

周勃听到汉文帝与陈平的对话，感到非常惭愧。下朝后，周勃责备陈平说：“您偏不在平时叫我对答！”陈平笑着说：“您身居丞相之位，不知自己的职责吗？要是陛下问到长安城中盗贼的数量，您也要勉强对答吗？”

经过此事，周勃认识到自己的才能远不及陈平，不久，就托病请求汉文帝免去自己的丞相职位，汉文帝接受了周勃的请求。此后，汉文帝委任陈平为国家唯一的丞相。

前有张仪靠能言善辩纵横捭阖于战国七雄之间，后有纪昀凭铁齿铜牙上下周旋于清廷君臣之中。口才，是衡量一个人才能大小最为直接的标准，直接影响到我们的日常生活，甚至还会影响到我们的前程。所以，说话这门艺术人人都应该学，在什么场合说什么话，见什么人说什么话，通过别人说的话揣摩对方的心思，都是我们终生都该学习的。

原文

无识见底人，难与说话；偏识见底人，更难与说话。(《呻吟语》)

译文

没有认识和见解的人，与他们说话是很难说得明白的；而那些见解与认识偏激的人，也就更难以与他们说明白了。

解读

俗语说“无知者比有知者更有自信”。一些无知的人，因为本身所接触到的东西有限，没有很多的见识和足够高的境界，对你所说的东西自然就难以明白，也就会产生怀疑，所以要说服他们是很难的；而对于那些个性偏激、固执己见的人，他们总以为自己是很有见识的人，自己坚持的东西就是正确的，任你怎样说破嘴皮子，他们就是听不进去，有的甚至还反过来用他那套偏见的东西妄图说服你，这样的人，他们排斥一切自己不认可的东西，因此与他们沟通，比那些无知的人还要难。

一个人的认识和见解直接反映了他的人生观和世界观，人只有不断加深自己的认识和见解，才能明白很多道理，能及时对外界做出正确的反映，从而少做错事和傻事，也可以让自己少走很多弯路。

案例

夜郎国王不知天高地厚自高自大

人如果见识太少，就会像井底之蛙一般坐井观天，不知道外面世界的丰富多彩。这样的人与外界交流，难免有孤陋寡闻之嫌。所以人们提倡读万卷书，行万里路。远见卓识来源于丰富的理论和实践，只有不断充实、提高自己，才能让自己的视野不断拓宽，增长自己的才学和见识。

汉朝的时候，在西南方有个名叫夜郎的小国家，它虽然是一个独立的国家，可是国土很小，百姓也少，物产更是少得可怜。但是由于邻近地区以夜郎这个国家最大，从没离开过国家的夜郎国国王就以为自己统治的国家是全天下最大的国家。

一天，夜郎国国王与部下巡视国境的时候，指着前方问："这里哪个国家最大呀？"部下们为了迎合国王的心意，于是就说："当然是夜郎国最大啰！"走着走着，国王又抬起头来、望着前方的高山问："天底下还有比这座山更高的山吗？"部下们回答说："天底下没有比这座山更高的山了。"后来，他们来到河边，国王又问："我认为这是世界上最长的河川了。"部下们仍然异口同声回答说："大王说得一点都没错。"从此以后，无知的国王就更相信夜郎是天底下最大的国家。

汉武帝开发西南后，为寻找通往身毒（今印度）的通道，于公元前122年派遣使者到达今云南的滇国，再无法西进。逗留期间，滇王问使者："汉朝和我的国家比起来哪个大？"使者一听吓了一跳，他没想到这个小国家，竟然无知地自以为能与汉朝相比。后来汉使返长安时经过夜郎，却没想到骄傲又无知的国王因为不知道自己统治的国家只和汉朝的一个县差不多大，竟然不知天高地厚，也问使者："汉朝和我的国家哪个大？"

面对如此短见薄识之辈，汉使的无奈显而易见。夜郎自大的典故发生在两千多年前，生产和文明都不够发达，还是可以理解的。如今，各种技术异常发达，人们获取信息的途径不一而足，但我们需保持一颗虚心好学的心，与时俱进，让自己在眼界和观念上不断拓展、更新，进而跟上这个日新月异的时代。

原文

你说底是我便从，我不是从你，我自从是，何私之有？你说底不是我便不从，不是不从你，我自不从不是，何嫌之有？（《呻吟语》）

译文

你说的道理正确我便听从，我不是听从你，而是听从正确的道理，这其中又有什么私念呢？你说的道理不正确，我便不会听从你，我不是不听从你，而是不听从不正确的道理，这其中又有什么可指责的呢？

解读

人们在追求真理的道路上，由于先天条件和后天努力程度的不同，人们获得真理也会有先有后。但是“真理面前，人人平等”，每个人都有追求真理的权利。在是非面前，要旗帜鲜明，坚定地表明自己的立场，维护真理。不能因为某人位高权重，即使发表错误的言论，做错误的事情就不敢指出来。要坚持真理，就必须不断地同自身和外界的错误做斗争，这样别人也没有什么可以指责的。

无知则无能，我们对事物有了正确的认识，才能洞悉真理，深切地感悟到追求真理的巨大价值。具有真知的人，他的道德也必然高尚，因为在追求真理的道路上必然困难重重，他们奋发图强、勇于探索、不畏艰险，才能取得成功。

我们要时刻保持一颗追求真理的进取之心，对于别人提出的意见和建议也要虚心接受，要有宽阔的胸怀，取人之长，补己之短，这于人于己都是十分有益的。

案例

药圣李时珍治学严谨从医刚直不阿

李时珍，字东璧，号濒湖，晚年自号濒湖山人，明朝湖北蕲州人。其父李言闻是当地名医，李时珍继承家学，重视本草，富有实践精神，肯于向劳动人民群众学习。于公元1578年完成了《本草纲目》编写工作，还著有《奇经八脉考》《濒湖脉学》《五脏图论》等十种著作，这位伟大的科学家将永远被世界人民怀念。

李时珍20岁那年，蕲州发生了一场严重的水灾。江水决堤，乡亲们流离失所。洪水刚过，瘟疫开始蔓延，李时珍和父兄一道，夜以继日地救护病人。

这天，李时珍正在诊病，突然一帮人闹闹嚷嚷地拉着一个江湖郎中拥进诊所。为首的年轻人愤愤地叫道："李大夫，你给评评理！我爹吃了这家伙开的药，病没见好，反倒重了。我去找他算账，他硬说药方没错。我们信得过你，你给看看。"说着把给父亲煎药的药罐递了过来："喏，这就是药渣。"李时珍抓起药渣，一一仔细闻过，又放在嘴里嚼嚼，自言自语道："这是虎掌啊！"那江湖郎中一听"虎掌"，慌忙分辩说："我绝对没开过这味药！"

"那肯定是药铺弄错了！"年轻人说着，就要往门外冲。李时珍忙拉住他，说道："别去了，这是古医书上的错误。就以《日华本草》的记载来说，就把漏蓝子和虎掌混为一谈了。""对，我开的是漏蓝子！"江湖郎中急急地插了一句。"是啊，药铺有医书为据，打官司也没用。"众人慨叹了一阵，只得把江湖郎中给放了。

当年，嘉靖皇帝迷信仙道，祈求长生不老。方士看准了皇帝的心意，便大炼不死仙丹，取悦皇帝，因而在全国掀起了一股炼丹热潮，但不少人服用仙丹后中毒死亡。

李时珍知道仙丹多用水银、铅、丹砂、硫黄、锡等炼取，含有化学元素，于是大声疾呼："丹药能长寿的说法，决不可信！"

他列举服食丹药后死亡的例子，但有方士反驳说："古代药书上说，水银无毒，服食可以成仙，是一种长生药。"

李时珍说:“前人遗留下来的知识可以参考，但一定要经过分析，我们不能尽信书上所说的。古书上也说过，食黄金能成神仙，但有谁见过有人成了神仙呢？秦始皇、汉武帝都是吃仙丹望长生，结果还不是死了吗？所谓仙丹的成分，大多含有毒的物质，吃了不但不能长寿，反而会令人中毒死亡呢！”

李时珍虽然坚决反对服食仙丹，却以科学的态度应用炼丹的方法。他亲自研制水银来医治疮疥等病，又利用炼金术烧制外用药物，他还把研究的数据记载在《本草纲目》里，对后世影响深远。

李时珍既“搜罗百氏”，又“采访四方”，他穿上草鞋，背起药筐，远涉深山旷野，遍访名医宿儒，搜求民间验方，观察和收集药物标本。参考历代有关医药及其学术书籍八百余种，结合自身经验和调查研究，历时二十七年编成《本草纲目》一书，是中国明朝药物学的总结性巨著。

“纸上得来终觉浅，绝知此事要躬行。”李时珍正是以这样的求真务实精神，不畏权贵，深入民间，踏遍名山大川，取得了造福百代的成就。在那个封建保守的时代，李时珍的行为令人称赞。对于我们自身而言，生活中各种养生之道层出不穷，需要我们结合自身实际明辨是非，不可盲目照搬，以免给自己带来不必要的麻烦。在工作、学习中，亦不可盲目相信权威，要敢于质疑，才能有所成就。

问道卷

第十一

原文

庄、列见得道理原着不得人为，故一向不尽人事。不知一任自然，成甚世界？圣人明知自然，却把自然阁起，只说个当然，听那个自然。(《呻吟语》)

译文

庄子和列子懂得了自然宇宙的道理，原本是不得有丝毫的人为因素的，所以他们一直以来都不去做什么人事。他们不知道，如果什么事情都是任其自然，那还成什么世界呢？圣人明明知道事事都有个自然的道理，但却把那个自然的道理搁置起来，只去说那个当然的道理，而听任那个自然的道理自由发展。

解读

庄子、列子这些哲学大家，他们因为看到了宇宙的自然，什么事情都有个自然的规律，由不得半点的人事，所以他们主张凡事都顺其自然，不要强迫去进行人为的改变。所以他们认为不去做那些违背自然的事，就可以做到一切的事情。

孔子曾经问礼于老聃，得到了人生自然的真谛。但是，他的出发点与老子不同。老子是知其不可为而任其自然，孔子却是知其不可为而为之，他已经抱下了“道不行，吾乘桴桴于海”的决心。因为，在他的眼里，世界是可以改变的，民众应当加以教化。

与老庄的道家学说相比，儒家学说明显是以比较积极的态度来对待社会，对待人生。所以他们提倡的“当然”的道理，即相信事在人为，但不刻意去有悖于自然之道，这是正确的。我们应该抓住当然，顺其自然，发挥人的主观能动性，为自己创造人生价值。

案例

苏东坡积极用世造福于民

古代的文人，大都以“修身齐家治国平天下”为一生的奋斗目标，真正入仕之后，出现过一些如陶渊明、李白这样心怀天下却又身处山林的名士，但更多的是身居庙堂而心在山林的高官贵胄，环海之中，不论是沉是浮，他们总是以兼济天下为己任，为官务实，解百姓之忧，深受人民爱戴。北宋文学家苏轼便是这样一位官员。

苏轼，字子瞻，号东坡居士，宋仁宗景祐三年出生于眉州眉山，嘉祐年间“进士”。唐宋八大家之一，词开豪放一派，又工书画。生性放荡不羁，深得道家风范。好交友，好美食，好品茗，亦雅好游山林。苏辙说他:“其于人，见善称之，如恐不及；见不善斥之，如恐不尽；见义勇于敢为，而不顾其害。用此数困于世，然终不以为恨。”虽然数次被贬，但苏轼始终保持一颗儒家入世济民之心，为百姓做了许多实事儿，深受百姓爱戴。

元祐四年，苏轼到杭州任职。西湖长期没有疏浚，淤塞过半，“葑台平湖久芜漫，人经丰岁尚凋疏”，湖水逐渐干涸，湖中长满野草，严重影响了农业生产。苏轼来杭州第二年，就率众疏浚西湖，动用民工二十余万，开除葑田，恢复旧观，并在湖水最深处建立三塔（今三潭映月）作为标志。他把挖出的淤泥集中起来，筑成一条纵贯西湖的长堤，堤有六桥相接，以便行人，后人名之曰“苏公堤”，简称“苏堤”。苏堤在春天的清晨，烟柳笼纱，波光树影，鸟鸣莺啼，“苏堤春晓”是著名的西湖十景之一。

“东坡处处筑苏堤”，苏轼一生筑过三条长堤。被贬颍州（今安徽阜阳）时，对颍州西湖也进行了疏浚，并筑堤。绍圣元年（1094年），苏轼被贬惠州，把皇帝赏赐的黄金捐助疏浚西湖，并修了一条长堤。为此，“父老喜云集，箪壶无空携，三日饮不散，杀尽村西鸡”，人们欢庆不已。如今，这条苏堤在惠州西湖入口处，像一条绿带，横穿湖心，把湖一分为二，右边是平湖，左边是丰湖。

绍圣四年（1097 年），年已 62 岁的苏轼到了徼边荒凉之地海南岛儋州（今海南儋县）。他视儋州为自己的第二故乡，“我本儋耳氏，寄生西蜀州”。他在这里办学堂，介学风，以致许多人不远千里，追至儋州，从苏轼学。在宋代一百多年里，海南从没有人进士及第。但苏轼北归不久，这里的姜唐佐就举乡贡。为此苏轼题诗：“沧海何曾断地脉，珠崖从此破天荒。”苏轼被看作是儋州文化的开拓者、播种人，对他怀有深深的敬意。儋州流传至今的东坡村、东坡井、东坡田、东坡路、东坡桥、东坡帽等，表达着人们对苏轼的缅怀之情。

此外，苏轼本人还是个美食家，宋人笔记小说有许多关于苏轼发明美食的记载。苏轼在杭州筑苏堤时，杭州百姓为感谢他，过年时抬猪担酒来给他拜年。苏轼指点家人将猪肉切成方块，烧得红酥，然后分送给大家吃，这就是东坡肉的由来。《曲洧旧闻》记载，苏东坡与客论食次，取纸一幅以示客云：“烂蒸同州羊羔，灌以杏酪香梗，荐以蒸子鹅，吴兴庖人斫松江鲙；既饱，以庐山玉帘泉，烹曾坑斗品茶。少焉解衣仰卧，使人诵东坡先生《赤壁前后赋》，亦足以一笑也。”

儒、释、道三家思想在苏轼身上得到了统一，他用入世的心态做事，以出世的心态做人，笑对官海沉浮，勤政爱民，受到百姓拥戴。苏轼一生在各方面的成就说明，人只有发挥出自己的价值，为国家和人民贡献出自己的力量才是正确的。消极避世不可取，积极用世，修齐治平，才是有志之士应该具有的信仰。

原文

人一生不闻道，真是可怜！（《呻吟语》）

译文

人这一辈子如果不能够听说道，那真是可怜啊！

解读

孔子言：“君子谋道不谋食，君子忧道不忧贫。”古人提倡对道的追求远多于对物质的追求。于是说“朝闻道，夕死可矣”。只要是真正懂得了生活，享受生活，精神上的富足就够了，死也甘心矣。对于一些有大智慧的圣人来说，追求真理是一个人一生的重要之事，修养德行是一个人为人的根本。

人类生存的意义何在？是什么东西推动着生命的流转呢？我们所追求的目的难道就是金钱、名声、地位、富贵、权势吗？生活中充满了烦恼与痛苦，怎么样才能摆脱呢？等等，这些都是我们必须面对和回答的问题。如果这些问题解决不了，我们就会感到恐惧和不安。等我们真正解决了这些困惑的时候，也许就没有什么烦恼了，而生活呈现在我们面前的，将会是另外一副样子。

我们来到这个世界，会遇到很多痛苦和不幸，这些我们都无法逃避，必须面对。所以闻道可以让我们懂得宇宙万物之理，即一切顺其自然，不要因此害怕、退缩，甚至不敢面对。对于我们来说，生老病死，名利地位，这些都是能左右我们情绪的东西，如果我们能多懂一些宇宙之理，自然之道，那么你就会发现，一切都不能太曲意附和或者逞性而为。懂得了这些道理，人才能活得潇洒自在。

案例

袁安清贫自守卧雪家中

古代的读书人十分看重自身气节，对他们而言，情操甚至有时比生命还重要。“君子忧道不忧贫”，“富贵于我如浮云”，在他们眼里，贫穷与否不重要，重要的是自己的为人。历史上还出现过“文以明道”“文以载道”的观念。当然，除了理论，还有很多故事，生动地说明了“道”在古代文人心中的地位。

袁安，字邵公，汝南汝阳人，东汉大臣，政号严明，断狱公平。但是，他年轻时家境却十分贫寒，生活十分清苦。但袁安不以为然，安贫乐道，保持着自己的情操。

一年冬天，气候特别寒冷，腊月中旬，下了一场铺天盖地的大雪。

这场雪连续下了三天三夜。袁安居住的汝阳城中，大街小巷都被积雪填满，最厚的地方积雪有一丈多，不少人家的门都被积雪封住。整个城中，除了偶尔从哪家院落传出几声狗叫以外，看不到一个人影。

雪停以后，官府派出差役，把几条主要街道上的积雪扫开。沿街人家纷纷出来扫雪。不久，朝廷派来的洛阳令骑马来到街头视察灾情。他一面察看，一面向随行的官吏询问相关情况。当看到有些家中断粮的穷人不得不出门乞讨，洛阳令心中十分忧虑。

来到一处简陋的平房前，只见大门和两边的窗户紧关着，门前的积雪很深，却没有人出来打扫，洛阳令便奇怪地问：“这屋子有人住吗？怎么雪停了没人出门呢？”

邻近的一位老人正在扫雪，听到了洛阳令的问话，走过来说：“这屋子里住着一位袁公子，名叫袁安，是个穷书生，三天来，他家屋上没冒过炊烟，恐怕已经饿得不行了。”

洛阳令听了，马上叫差役拿着铁铲铲掉了袁安门前的雪，破门而入。只见袁安平躺在床上，脸上没有一点血色，床头放着几卷儒家的经书和一把小壶，壶里的水早已喝得精光。洛阳令问：“听说你已经三天没吃饭了？”

袁安微微睁开两眼，无力地点了点头。洛阳令又问：“现在雪已经停了，你为什么不出去向邻家要点吃的？”

袁安有气无力地回答说：“这样的大雪，挨饿的人肯定不少，我不愿意再去打扰别人。”

洛阳令很受感动，认为袁安这样清贫自守、不乞求于人的品德十分可贵。回京以后，便向明帝荐举袁安为孝廉，袁安从此踏上了仕途，成为东汉前期德高望重的名臣。

“袁安卧雪”后被用来形容读书人甘愿自己困守寒门而不乞求于人的气节和操守。宁愿牺牲自己也不愿意打扰别人，这与杜甫“大庇天下寒士俱欢颜”的理想、范仲淹“先天下之忧而忧，后天下之乐而乐”的精神声同气应，共同阐释着儒士忧国忧民的心态。时至今日，我们在物质生活上富足了，但是内心深处莫名的空虚、失落，大概就是因为缺少了这种以天下为己任的担当吧，不妨回归传统，到祖先的文化中去寻找我们的精神家园，然后，把它传承给后代。

原文

知彼知我，不独是兵法，处人处事一些少不得底（的）。（《呻吟语》）

译文

要了解对方了解自己，这不单是兵法，在为人处世上也一点都少不了。

解读

兵书中有“知己知彼，百战百胜”的话。就是说要客观地分析现状，了解自己的兵力，了解敌人的兵力，采取有针对性的行动，便会赢得战争。在生活中，如果我们也能够知己知彼，那同样可以为我们带来和谐的人际关系、做事事半功倍。

知己知彼首先应该了解自己。这就要求我们要常常反省自己，这样才能知道自己的长处和短处。对于自己的长处不要自鸣得意，要继续保持和发扬，对于自己的短处则不要自暴自弃，要努力改正。只有了解自己的处境和个性，才能在与人相处的时候不让他人有可乘之机。

在了解自己的基础上，还要知道对手的实力，然后将敌我进行对比分析。能战则战之，战不了则退之。这样一来，主动权就掌握在我们自己的手里，不至于被人牵着鼻子走。要多思考，多观察，以己照人，以人照己，抓住对方的漏洞，立于不败之地。所以，在人际交往中，也不能忘了知己知彼的兵法，这样我们做人做事才能明白透彻。

案例

曾国藩慧眼识拔刘铭传

人心如面，各不相同。“画虎画皮难画骨，知人知面不知心。”在人际交往中，认清一个人的真面目不是件容易的事儿，而一旦认清了人的本质，是泛泛之交还是知心好友，是可以委以重任还是弃之不用，就看我们的把握了。历史上有很多因擅长识人而知名的人物，晚清重臣曾国藩便是其中之一。

李鸿章曾带三人拜见曾国藩，请他给他们分派职务。不巧曾国藩散步未归，李鸿章就让三人在厅外等候，自己去到里面。不久曾国藩回来，李鸿章说明来意，请曾国藩考察那三个人。曾国藩说：“不必了，面向厅门、站在左边的那位是个忠厚人，办事小心，让人放心，可派他做后勤供应一类的工作；中间那位是个阳奉阴违、两面三刀的人，不值得信任，只宜分派一些无足轻重的工作，担不得大任；右边那位是个将才，可独当一面，将来作为不小，应予重用。”李鸿章很惊奇，问是如何看出来的。曾国藩笑道：刚才散步回来，走过他们身边时看见，左边那个低头不敢仰视，可见是位老实、小心谨慎的人；中间那位表面上恭恭敬敬，可等我走过之后，就左顾右盼，可见是个阳奉阴违的人；右边那位始终挺拔而立，如一根栋梁，双目正视前方，不卑不亢，是一位将才。

曾国藩所说的那位“大将之才”，便是在中法战争中带领台湾军民奋起抵抗法军进攻、后来的台湾巡抚刘铭传。

曾国藩评价左宗棠“取势甚远，审机甚微，才可独当一面”、李鸿章“才大心细，劲气内敛”、沈葆桢“器识才略，实堪大用”，这些都得到了历史的验证。曾国藩还善于培养人才，在他的旗下，李鸿章、左宗棠成为封疆大吏；李善兰、华衡芳成为著名的自然科学家；俞樾成为著名的经学家；容闳成为洋务运动中的骨干。

可见，善于识人不仅可以让自己在人际交往中得心应手，善于用人则可以扬长避短，做到人尽其才。知人善任是一种智慧，在与不同的人交往时应该采取什么样的方式同样也是一种智慧，这些，都是我们在现实生活中应该揣摩和研究的。唯有如此，才能让自己在工作和生活中应对自如、左右逢源。

原文

前人云:“抛却自家无尽藏,沿门持钵效贫儿。”又云:“暴富贫儿休说梦,谁家灶里火无烟?”一箴自昧所有,一箴自夸所有,可为学问切戒。(《菜根谭》)

译文

前人说:“放弃自己家中的数不尽的财富,却效仿穷人拿着饭碗沿街乞讨。”又说:“暴富的人,不要老是向别人夸耀自己的财富,其实哪家的炉灶里不冒烟呢?”以上两句谚语,一句是说自己看不见自己所拥有的东西的人,一句是说那些夸耀自己富有的人,这些都是做学问的人必须彻底戒除的事。

解读

人生在世,不要被世俗蒙蔽了双眼,看不见自己拥有的无尽财富,或许你拥有的不是看得见的金钱或权力,但你人格的修养和高尚的品德实际上也是一笔取之不尽用之不竭的财富,千万不可模仿他人只追求眼前的利益。虽然你暂时拥有无尽的财富,但也不应该自我夸耀,沾沾自喜,这样容易引起别人的不满和嫉恨。

人们在做学问的时候更应该如此,既不要抛却自身拥有的美好品德,只追求形式上的完美而忽视实质上的东西;也不能自夸自满,从而失去了前进的动力。每一个人都要注重自身内心的修养,学习古圣先贤注重自己内心的求道,扎实刻苦,努力为学,那样你才能真正算得上拥有无尽珍藏。

案例

苏东坡戒骄戒躁终成一代文豪

“书山有路勤为径，学海无涯苦作舟。”自古以来，在学业上有所成就的人，都是靠勤奋得来的。读书不仅要靠勤奋，还要谦虚谨慎，一旦骄傲自满，便放松自己，学业就容易荒废了。大文学家苏轼在求学过程中曾经有过这样的经历。

苏轼，字子瞻，号东坡居士。他的父亲苏洵和弟弟苏辙都是北宋有名的文学家，被人们合称为“三苏”，而且都一起列入“唐宋八大家”之中。历史上关于苏东坡的故事有很多，其中之一便是他改对联的故事。

苏东坡自幼天资聪颖，勤奋好学，加之有先生刘巨和父亲苏洵的辅导，在学习上进步非常大。他广泛阅读诗书，博通经史，而且又很擅长作文写诗，因而受到人们的赞赏，在一片赞扬声中，他飘飘然起来，不知不觉中变得骄傲自满。

一天，苏东坡高高兴兴地写了一副对联贴在门上，上联是“读尽人间书”，下联是“识遍天下字”。贴完对联后，他反复看了几遍，觉得这副对联非常符合自己的实际情况，感觉特别满意，于是拍拍手，回家和子由到瑞莲池赏花去了。

几天之后，来了一位鹤发童颜的老人，说是专门来找苏东坡请教的。见了苏东坡，老人取出一本薄薄的小书递给他，说请他看看书上都讲了些什么。苏东坡满不在乎地把书接过来，翻开一看，顿时傻眼了。别看这是本薄薄的小书，书上的字苏东坡居然一个也不认识，就更不要说知道书里讲了什么事儿了。心气高傲的小东坡，脸顿时红得像那贴在门上的对联纸，一句话也说不出来。老人取回小书，眼睛盯着门上的对联看了好一会儿，摇摇头含笑飘然而去。

小东坡羞愧难当，知道都是那副对联惹的祸。他把那副对联又读了几遍，读着读着确实读出了先前没有感觉到的狂妄之感。他恭恭敬敬地对着老人的背影说：“谢谢老人家，我明白了。”于是拿起笔，跑到门前，就在那副对联的上下联中各添了两个字，这样，对联就变成：立志读尽人间书，发奋识遍天下字。

如此一来，对联中看不到之前的“狂”气，而成为努力的方向了。从此以后，苏东坡自己也变得谦逊起来，他孜孜不倦地识字、读书，最终成为一代文学家、大文豪。

天道酬勤，千百年来，头悬梁、锥刺股、囊萤映雪、凿壁偷光的典故都告诉我们，做学问须淡泊宁静，专心致志，不浮不躁，兢兢业业，在学到知识的同时，自己的品格、情操也得到了培养，虚心向学，才能学有所成，进而实现自己的人生抱负。

原文

惟（唯）得道之深者，然后能浅言。凡深言者，得道之浅者也。（《呻吟语》）

译文

只有理解大道理比较深刻的人，然后才能够说出最浅显的话语。凡是说话深奥艰涩的人，往往理解的道理也最浅显。

解读

在日常生活中，当你对生活的认识还比较肤浅的时候，却去说一些艰深晦涩的话来显示自己的高深，人们听起来反而觉得很不自然。而当你自己对生活的认识逐渐成熟了以后，那么你说起话来反而平淡简单得多。做学问也是一样的道理，往往是先浅显，再到艰深，最后还是要归于平易而最终达到炉火纯青的境界，那么做一切事情都会自然而然地，没有任何矫揉造作。

在追求人生之道时，因为道的层次不同，每一个人的修养经历也不同，所以人们对道的领悟也有深有浅。那些得到深层次道的人，也就与宇宙万物融为了一体，在他的心里已经没有了障碍，没有了差别，所以代表他心灵之声的语言也一定会朴素自然，不加雕饰。

从这可以看出，那些得道浅显的人才会想着要文饰自己，他们的目的在于炫耀，以显其水平高深；而真正得道高深的人，他们的目的在于传道来让人理解，所以他们所用的文字语言都比较浅显易懂、平易近人。

案例

张旭解密草书成就源于日常生活

“粗缯大布裹生涯，腹有诗书气自华。”学问做到一定程度，即便身着布衣，气质也自然不俗。在某一领域取得相当成就的人，说起话来深入浅出，明白晓畅，毫无矫揉造作之嫌。静水流深，越是蕴藏着大智慧的人，越显得平凡。同样，在追求梦想的过程中，他们往往能够举一反三，触类旁通。被后世誉为“草圣”的张旭在谈及自身成就时，道出了生活对于书法的影响。

张旭，字伯高，唐朝吴县人，曾任常熟县尉，金吾长史。以草书著名。诗亦别具一格，以七绝见长，与李白、贺知章等人共列饮中八仙之一。与贺知章、张若虚、包融号称“吴中四士”。书法与怀素齐名。

当年，唐朝文宗皇帝曾向全国发出了一道罕见的诏书：李白的诗歌、张旭的草书、斐旻的剑舞可成为天下的“三绝”。

诏书一到洛阳城，顿时轰动了那些饱学之士。他们纷纷向张旭道喜，庆贺他夺得了最高奖誉。张旭一一作揖致谢，并设宴款待洛阳名流。席上，有人提议张旭谈谈草书成为一“绝”的秘诀，张旭推辞不过，谦虚地说：“各位见笑了，我自知浅陋，皇上奖掖，收之有愧。说到秘诀，无非在‘用心’两字。”

张旭沉吟片刻，他油然想起杜甫曾写的《观公孙大娘弟子舞剑器行》一诗，便说：“少陵曾把公孙大娘的剑器舞写过一首诗，其中四句‘烈如羿射九日落，矫如群帝骖龙翔；来如雷霆收震怒，罢如江海凝清光’，想必诸位是知道的。在郫县，我有幸见过公孙大娘的舞姿，每次看时，都引起我的联想：她将左手挥过去，我就立即触到这次姿态像个什么字；她跳跃起来旋转，我想草书中的‘使转’笔锋的驰骋应如此吧？她那整个起舞的姿态音容，给我一个全面的草书结构的启发。”

艺术源于生活，张旭的草书把艺术与生活有机结合，作品成为一绝。陆游在给儿子的诗中有云：“汝果欲学诗，工夫在诗外。”简单明了地指出了作诗的奥秘所在。张旭与陆游，都高屋建瓴而又深入浅出地指出非常成就的方法。“看似寻常最崎岖，成如容易却艰辛。”成功离不开汗水，做学问与日常生活，看似泾渭分明，实则一脉相通。

原文

大丈夫不怕人，只是怕理；不恃人，只是恃道。(《呻吟语》)

译文

真正的大丈夫从来不惧怕什么人，只是惧怕真理；也从不仗恃什么人，而是仗恃的大道理。

解读

人并没有什么可怕的，因为他们跟我们一样，并没有什么不同。有些人惧怕一些所谓的“大师”，并不是因为他们有多高深的道行，而是因为他们的宣传从而让我们相信他们具有一些法术神通，达到让我们害怕他们的目的。然而那些得到大道的人，他们给我们传达的是智慧和道理，让我们敬畏真理和智慧而不逾矩，所以我们是不会怕他们本人的。

真正有德行的君子所惧怕和倚仗的都是自己所奉行的大道和真理，他们不会看重外在的权势地位、富贵金钱、功名利禄等，也不会因为一时的得失而苦恼万分。那些依靠这些外在事物的人，在外物用尽消失的那一天，自然也会感到痛苦万分；而如果以大道真理为依靠，大道永在，真理永存，所以他决不会感到失望和痛苦。因为宇宙万物运行的规律无外乎一个大道，如果能与它合为一体，那么便是自然本身了，也就会同自然一样不生而不灭了。

案例

禹下车泣罪：百姓有罪，在于一人

自古以来，中华民族都是一个以博爱、宽厚、包容为美德的民族，而那些明君贤臣，则更是心怀天下、爱民如子。他们兢兢业业，对待工作不敢有半点的马虎；他们克己奉公，对于自身处处严格要求，时时不忘寻找自身的缺陷。所以，受到百姓的拥戴。

禹是夏王朝的开国君主，他曾治理滔天洪水，又划定中国国土为九州，是中国古代传说时代与尧、舜齐名的贤圣帝王。

一次，禹乘车出外巡视，刚巧有个罪犯被押着从他的车前经过。禹见到之后，便吩咐人把车停下，问押送的人："这个人犯了什么罪？"押送的人回答说："他偷别人家的稻谷时被抓住了，我们把他送去治罪。"

禹听到这里，便走下车，来到那个罪人身边，问："你为什么要去偷别人家的稻谷呢？"犯罪的人知道问话的是个大人物，吓得低着头不敢吭声。禹见他不说话，便尽力地规劝他，说着说着眼泪就流下来了。

禹身边的人见了，都十分不解。其中一个人问道："这人偷别人的东西，就应该送去受罚，大王为什么要痛哭流涕呢？"禹擦了擦眼泪，说："我不是为这个人流泪，而是为自己流泪。尧和舜治理天下的时候，以德化人，百姓都和他们同心同德，从来没有人作奸犯科。如今，我做了君主，却有百姓做出这损人利己的事来，犯罪的人虽是百姓，但实际上是由于我没有道德所致，让我感到痛心的，不是那犯罪之人，而是我的德行不如尧、舜啊！"禹当即命人在一块龟板上刻了"百姓有罪，在于一人"八个字，然后下令把那罪犯放了。

男儿有泪不轻弹，曾经力挽狂澜的治水英雄因为一个囚犯泪水滂沱，这在古今中外都实属罕见。不愧为古之圣贤，大禹善于发现自身的问题，敢于承担百姓的过错，受后人景仰。他的观点其实还是有一定道理的，寻找自己的不足，也就更容易发现治理国家中法律、道德规范的不足，偷盗行为的出现除了罪犯自身原因外，与当时的社会大环境不无关联。"以德服人，人必服之"。在遇到问题时，我们不要推诿塞责，首先寻找自身的缺点，这不仅是对自身修养的提高，也是以身作则的表现。

原文

休蹑着人家脚跟走，此是自得学问。（《呻吟语》）

译文

不要跟着别人的脚步走，这才是自己获得的学问。

解读

每个人的个性和生活环境都不同，因此说话做事都有自己独特的方式方法。无论是什么样的境界，都要自己去证实，亲自去做，那才算是自己所得。别人说出来的话即使再动听，但你没有去经历过那样的境界，你也没有办法感同身受。

在我们的生活、工作和学习中，有的人不愿意吃苦，不想什么事都亲历亲为，只想着跟在别人屁股后面走，认为只要随大众准没错，而且这样也不会担什么风险。但是这样你就得事事都看别人的脸色和举止来行事，也失去了真正的自我。你只是别人的传声筒或复读机，永远不会有自己的特色和成就。

更何况，别人走过的路并不一定都是对的，一旦别人走错了，你也会跟着错下去，那是多么不值得。人生的意义就在于你来人世间走过一回，去真切感受人生道路上的成功与失败、痛苦与欢笑，如果事事都跟随他人，就体味不到人生的真正乐趣，那我们的生活岂不是可悲又可怜。所以，在看清形势前，还是不要一味地随大流。

案例

孔子学琴锲而不舍超凡入圣

韩愈曾言，弟子不必不如师，师不必贤于弟子，闻道有先后，术业有专攻，如是而已。荀子有云，青出于蓝而胜于蓝。可见，现在我们所讲的创新，早在古代就为人们所重视了。做学问是如此，在其他领域也是如此。

孔子年轻时曾向鲁国一位叫师襄子的乐官学琴，这位乐官名襄，被人尊称为襄子，师不是他的姓，而是周朝对乐官的称呼。

孔子跟师襄子学琴以后，师襄子对孔子说："这首曲子你已经弹得不错了，可以学新的曲子了。"孔子回答："不行啊，我还没有掌握它的弹奏技巧呢。"

过了一段时间，师襄子又对孔子说："现在你已经掌握了这首曲子的弹奏技巧，可以学新曲子了。"孔子说："但我还没有体会到这首曲子的意境啊。"

又过了一段时间，师襄子说："你已经体会到它的意境，这回可以学新曲子了。"孔子却说："我还不知道这首曲子是谁作的啊。"

就这样，很长一段时间，孔子始终在弹奏同一首曲子。有一天，孔子在弹奏中忽然心有所悟，他站起来眺望着远方说："我知道这首曲子是谁作的，这个人皮肤黝黑，身材修长，胸怀开阔，志向高远，除了周文王还会是谁呢！"

师襄子听后马上站起来，一边向孔子行礼一边说道："你真是圣人啊，这首曲子就叫作《文王操》。"

如果按照老师的安排，孔子可以学几首新曲子了，但是孔子不急不躁，淡泊心志，专心地研习一首曲子，果然进入超凡入圣的境界。身为老师的师襄子尚且被孔子锲而不舍、刻苦钻研的精神感动，可讲孔子学琴时的用心之专。我们在求学过程中，都应该保持这种坚持不懈的精神，才能有自己新的收获，从而让自己有真正的提高。

原文

任难任之事，要有力而无气；处难处之人，要有知而无言。(《呻吟语》)

译文

去完成那些难以完成的任务的时候，只需要有力量而不需要有什么气魄；与难以相处的人们相处的时候，只需要有智慧而不必要说什么话。

解读

人们做事情的时候难免会遇到困难，这时候就需要看一个人的意志力，看他是否有实力去把事情办好，而不只想用气势去把人吓倒。在处理那些难以完成的任务之时，由不得半点虚假和做作。困难只是一时的，千万不要泄气，再困难的事情，只要自己肯下功夫，积蓄力量，一切都会迎刃而解。

人与人相处，要懂得运用自己的智慧，特别是与那些难以相处之人，更是如此，要有知而无言。因为难处之人多是工于心计、斤斤计较的人，在与他争斗之时，即使你打败了他，但他也有可能因此而记恨在心、伺机报复。所以想要与难处之人处理好人际关系，只要知道他是一个什么样的人就行了，不要多言，更不要试图去批评他或改变他，凡事心知肚明，但不直接说破。

一个人在完成一般人难以承担的艰巨任务的时候，不但能验证自己的能力，同时也会让生命的价值得到更大的发挥。与难处之人都能维持良好的人际关系，不但可以提高我们的办事能力和效率，对于我们个人的修养也是一种提升。

案例

周玄素巧言避祸 朱元璋龙颜大悦

在封建社会，如果得罪了皇上，小则是杀身之祸，大则株连九族。伴君如伴虎，每逢与皇帝对话，人人都会谨言慎行，以防不测。明太祖朱元璋是一位以残忍著称的皇帝，与之接触想要安然无恙，尤其需要智慧。明初宫廷画师周玄素颇有些名气，不是因为他的画作如何了得，而是因为他与朱元璋之间的一个故事。

明太祖朱元璋登基，建立大明王朝，拥有天下，自然觉得豪情满怀，为了每日将他的万里江山尽收眼底，便招来宫廷画师周玄素，要他在大殿的墙壁上绘制巨幅《天下江山图》，以显示自己的盖世伟业。

朱元璋曾命画师给自己画像，有好几人因画得太像而被宰掉，江山图比人像更加难画，若是犯了皇帝的忌讳，可就脑袋难保，若是不遵皇命，结果同样可怕。周玄素心中暗暗叫苦：这偌大的江山，仅凭一幅画怎么表现得了？再说，皇上马上夺天下，武功盖世，却不知道他对画作的好恶，假如自己画得有不合皇上心意之处，恐怕脑袋搬家就在眼前了！于是，他上前谢罪说："臣不曾游遍九州，不敢奉诏。斗胆恳请陛下启动御笔，先勾勒草图，臣再修改润色一二，方可画出《天下江山图》。"

朱元璋闲时常吟诗作画，以为消遣，听他这么说，画兴忽来，当即挥毫泼墨。草图构出，大势初成，朱元璋一面退后数步，自我欣赏，一面命周玄素："可为朕润色之。"周玄素看了看草图，又启奏道："陛下江山已定，岂可动摇？"

周玄素此话一出，一语双关，它表面是说这幅《天下江山图》陛下已经画好，不便改动，而更深的一层意思则是陛下的江山永固。朱元璋自然明白周玄素所言的深意，而这十分迎合朱元璋的心理，所以他不但没有怪罪周玄素，画画的事情作罢，又重赏了他。

周玄素巧妙地推掉了很可能惹来杀身之祸的任务，而又不得罪皇帝，还迎合了他的心理，皇帝的大愿之一，便是自家的江山能传之千秋万代，永不改姓，因此，朱元璋龙心大悦。在应对难以相处的人时，不妨冷静分析其真实意图，抓住其中要点，投其所好，变被动为主动，扭转局面，也不失为上策。

原文

卑幼有过，慎其所以责让之者：对众不责，愧悔不责，暮夜不责，正饮食不责，正欢庆不责，正悲忧不责，疾病不责。(《呻吟语》)

译文

年龄幼小的孩子犯了过错，在责备他们的时候要慎重选择场合：在众人的面前不要责备他，他有了惭愧和后悔之意时不要责备他，傍晚或者晚上的时候不要责备他，正在吃饭的时候不要责备他，正在高兴的时候不要责备他，正在悲伤忧愁的时候不要责备他，患病的时候不要责备他。

解读

幼儿时期的孩子心理是很敏感的，在这一时期他接受到的教育都会在他的潜意识里保存下来，在以后的生活中都会时不时地表露出来。所以，幼儿时期的教育是很重要的，它会影响一个人生理和心理的健康成长。

为人父母者责备孩子，是为了让他们认识到自己的错误，以后不要再犯，但是并不是任何时候任何场地都可以责备孩子的。在大庭广众之下要顾及孩子的尊严，不要随意责备孩子，如果孩子对自己的错误已经有了羞愧之意，并且深深后悔了，那也没必要再去责备他了，晚上睡觉前也不要责备孩子，因为如果他带着沮丧失落的情绪睡觉，有可能会夜不成寐或者噩梦连连，正吃饭的时候如果责备孩子会让他的脾胃虚弱，影响健康，在他高兴的时候责备他会影响静脉畅通，而在孩子悲伤或生病的时候，正需要的是父母的关爱和温暖。

在孩子早期的教育上，要牢记以上“七不责”，对孩子进行因势利导，才能让他们健康成长。

案例

王羲之夫妇教子有方成就献之之才

中国自古以来就十分重视孩子的教育问题，孟母三迁、岳母刺字、陶母断发都说明在孩子的成长过程中，家长的教育方法的重要性。几乎每一个成功孩子的背后都站着一个伟大的母亲，名人的成功大都离不开父母的精心培养。而身为名人之后，想要在某方面有所建树，也不是件容易的事儿。

王献之是有“书圣”之称的东晋书法家王羲之的儿子，他自幼聪明好学，在书法上专工草书隶书。身为名门之后，在别人眼里，王献之的成功可能有捷径可循，实际上，他的成名之路也充满了艰辛。

一次，王羲之看献之正聚精会神地练习书法，便悄悄走到背后，突然伸手去抽献之手中的毛笔，献之握笔很牢，没被抽掉。父亲很高兴，夸赞道：“此儿后当复有大名。”小献之听后心中沾沾自喜。

还有一次，王羲之的一位朋友让献之在扇子上写字，献之挥笔便写，突然墨滴落扇上，把字污染了，小献之灵机一动，一只小牛栩栩如生于扇面上。众人对献之的书法绘画赞不绝口，滋长了小献之的骄傲情绪。看此情景，王羲之夫妇很担心，但是什么也没有说。

一天，小献之问母亲郗氏：“我只要再写上三年就行了吧？”妈妈摇摇头。“五年总行了吧？”妈妈又摇摇头。献之急了：“那您说究竟要多长时间？”“你要记住，写完院里这 18 缸水，你的字才会有筋有骨，有血有肉，才会站得直立得稳。”献之一回头，原来父亲正站在他的背后。献之心中不服，一咬牙又练了五年，把一大堆写好的字给父亲看，希望听到几句表扬的话。谁知，王羲之一张张掀过，一个劲地摇头。掀到一个“大”字，父亲现出了较满意的表情，随手在“大”字下填了一个点，然后把字稿全部退还给献之。小献之心中仍然不服，又将全部习字抱给母亲看，并说：“我又练了五年，并且是完全按照父亲的字样练的。您仔细看看，我和父亲的字还有什么不同？”母亲果然认真地看了三天，最后指着王羲之在“大”字下加的那个点儿，叹了口气说：“吾儿磨尽三缸水，唯有一点似羲之。”献之听后心灰意冷。母亲见他的骄气已经消尽了，就鼓励他说：“孩子，只要你的功夫够深了，像这几年一样坚持不懈地练下去，就一定会达到目的的！”献之使劲点点头，又锲而不舍地练了下去。

功夫不负有心人，献之练字用尽了十八缸水，果然在书法上突飞猛进。后来，他的字也达到了力透纸背、炉火纯青的程度。他与王羲之被人们称为“二王”。

严师出高徒，严父出孝子，严母出才子。王献之是幸运的，因为他拥有严父严母兼严师，不但对他管教严格，还方法得当，既没有在人前丢他的面子，还让他意识到自己的不足。这些，是今天的父母该学习的，从某种程度上讲，父母决定了孩子的一生，而用恰当的方式教育子女，则是教育出好孩子的重中之重。

闲适卷

第十二

原文

字到不择笔处，文到不修句处，话到不检口处，事到不苦心处，皆谓之自得。自得者与天遇。(《呻吟语》)

译文

书写文字写到了不选择笔法的时候，写作文章做到了不修饰句子的时候，说话说到了不检点口舌的时候，做事情做到了不劳苦心灵的时候，都可以称为是自己得道了。奥妙自得的人，一定是与天地自然相遇的。

解读

刚开始练习书法的时候，因为有老师的交代，所以特别注意要领，在练习的时候，总是想着各家的妙法，不敢逾矩。而随着对书法的领悟加深，就到了孔子所说的“从心所欲而不逾矩”的地步，也就是不择笔的地方，自然就成为一体了。

一开始写文章也是，先是看别人的文章，学习其中的奥秘之处，但即使学得再像，终究不是自己的特色。所以还要进一步学习，到了文句不加修饰的时候，便是本色的流露。

说话也是一门学问，人们学着说话，又怕祸从口出，而想要不说漏嘴，首先得有一颗善良完整的心灵。所谓言由心生，有什么的心灵，就有什么样的语言。

有的人做事，总是什么事情都要牵肠挂肚，患得患失，结果使心灵永远不得安宁。如果能够随身去做，管他成功与否，只要我们尽心了就好，那样，心灵也就不会再受到什么委屈了。

对于智者来说，一切章法技巧都只是达到目的的一种手段，目的达到了，如果不及时放弃这些章法技巧，反而会成为一种心灵的约束。约束没有了，人才能进入大自然的美妙境界。

案例

华佗标新立异终成一代名医

天才必有过人之处，李白作诗信手拈来，王羲之书法挥洒自如，诸葛亮用兵出神入化。当然，除了天赋之外，他们的定力、毅力也非常人所能及。“会当凌绝顶，一览众山小。”他们的超凡入圣令人羡慕，他们的创新精神更令人钦佩。泱泱中华上下五千年，各个领域都不乏顶尖级的人物，华佗名列其中。

华佗是东汉末年安徽省亳县城北小华庄人，全家人靠父亲教书、母亲养蚕织布为生。当时，宦官专权，时局混乱，瘟疫流行，民不聊生，更谈不上花钱供孩子读书了，如此一来，父亲收入减少，华佗家的生活就更拮据了。

一天，华佗父亲腹痛难忍，医治不及，去世了。华佗母子悲痛欲绝，设法把父亲安葬后，家中的生活更艰难了。当时华佗年仅七岁，母亲说：“儿呀！你爸爸已经去世了，我织布也没有本钱，今后咱娘俩怎么生活呀？”华佗想了一想，说：“娘，不怕，城内药铺里的蔡医生是我爸爸的好朋友，我去求他收我做个徒弟，当医生，既能给人治病，又能养活娘，行吗？”华佗母亲听了很高兴，就给华佗换了件干净的衣服，让他去了。

华佗拜了师父，就跟蔡医生学徒，干杂活、采草药，都很勤快卖力，师父很满意。一天，师父把华佗叫到身边说：“你已经学了一年，认识了不少药草，也懂得了些药性，以后就跟你师兄抓药吧！”华佗当然乐意，就开始学抓药。谁知师兄们欺负华佗年幼，铺子里只有一杆戥秤，你用过后我用，从不让华佗沾手。华佗明白，如果把事情告诉师父，师父必然责怪师兄们，这样会引起师兄弟之间的矛盾，于是忍了下来。俗话说：“天下无难事，只怕有心人。”华佗看着师父开单的数量，将师兄称好的药逐样都用手掂了掂，心里默默记着分量，闲下来时再偷偷将自己掂量过的药草用戥秤称称，对证一下，这样天长日久，手也就练熟了。一次，师父见华佗抓药竟不用戥秤，抓了就包，心里很气愤，责备华佗说："你这个孩子，我诚心教你，你却不用心，你知道药的分量拿错了会药死人的吗？"华佗笑笑说："师父，错不了，不信你称称看。"蔡医生拿过华佗包的药，逐一称了分量，跟自己开的分量分毫不差。再称几剂，依然如此，心里暗暗称奇。后来一查问，才知道是华佗刻苦练习的结果，便激动地说："能继承我的医学者，必华佗也！"此后，便开始专心地教华佗望闻问切。

一次，李寡妇的儿子在涡河里洗澡被淹坏了，李氏飞奔来找蔡医生，蔡医生见孩子双眼紧闭，肚子胀得像鼓，便叹气说："孩子难救了。"李氏听了哭得死去活来。华佗过去摸了摸脉，低声对师父说："孩子可能还有救！"蔡医生不信。华佗叫人牵头牛来，先把孩子伏在牛身上控出水，然后再放平孩子，用双腿压住孩子的腹部，提起孩子的双手，慢慢一起一落地活动着，约摸一刻钟工夫，孩子渐渐喘气，睁开了眼。华佗又给孩子开了剂汤药，把孩子治好了。

华佗起死回生的消息像风一样地传开了。蔡医生羞愧地对华佗说："你已青出于蓝而胜于蓝，我没本事教你了，你出师开业去吧！"华佗出了师，也不开业，却游学徐土一带，寻访名医，探求医理，给人治病。最终成为一代名医。

敢于打破常规才会有进步，按照常人的想法，华佗把握不好药的分量，按照蔡医生的理论，李氏之子没有活下来的可能。可是华佗就是华佗，他处处留心，达到药量分毫不差的程度；他方法灵活，让溺水之人起死回生。想要在本领域、本专业、本行业内达到这种炉火纯青的境界，不是一朝一夕的事儿，所以平凡的我们，还需要从基本的工作做起，脚踏实地，锲而不舍，才有可能达到融会贯通、得心应手的程度。

原文

人情听莺啼则喜，闻蛙鸣则厌，见花则思培之，遇草则欲去之，但以形气用事；若以性天视之，何者非自鸣其天机，非自畅其生意也。(《菜根谭》)

译文

按一般人的常情来说，每当听到黄莺婉转的叫声就高兴，听到青蛙呱呱的叫声就讨厌；看到美丽的花卉就想栽培，看到杂乱的野草就想铲除。这完全是根据自己喜怒爱憎来判断事物。假如按照生物的天性来说，莺啼蛙鸣都是在抒发它们自己的情绪；花开草长，则是在舒展它们蓬勃的生机。

解读

天底下的万物都各有其功用。人们总是根据自己的喜爱厌憎之情与实用心理来决定对事物的取舍，就像乌鸦未必坏，可人们心理上就是认定了它是不祥之物因此而不喜欢。

人们有时还喜欢把感情上的悲伤或喜悦，转移到物上，有时对人对物也同样存在这种问题，如果这样，就显得太过主观了。我们看问题必须用冷静的头脑去观察，然后判断善恶美丑。如能去除我们心里先入为主的主观判断，就会明白莺声蛙鸣都是在显示自然的玄机，鲜花杂草都有权展示他们的勃勃生机。

世界上的万物都是根据天地自然之理而平等生长发育的，我们不可凭主观见解随意区分善恶美丑。待物如此，待人更应这样，千万不可凭主观臆断，凭自己一时的喜忧好恶来进行取舍。

案例

李泌巧解猫头鹰叫声令满座转悲为喜

自古以来，人们都喜欢赋予自然界的万物以自己的情绪，“感时花溅泪，恨别鸟惊心”。似乎花和鸟都能明白人的感情。殊不知，现实当中的万物和人类一样，按照自己的生长规律生息繁衍的，与人的情绪毫无关联。

李泌是唐朝时著名的大臣，曾经辅佐过三朝皇帝，分别是肃宗、代宗、德宗，官至宰相，并被封为邺侯。

唐太宗、武则天和唐玄宗前期是中国封建王朝的鼎盛时期，物极必反，从唐玄宗后期开始，内乱纷扰，民不聊生。肃宗、代宗、德宗时期更是每况愈下，李泌就是这时的宰相。李泌也想帮皇帝重整大唐江山，无奈回天乏术，于是辞官回乡。不料，李泌走后，朝中无人能担当宰相大任，皇帝又派人来请李泌出山，李泌执意不肯。皇帝一气之下，把他发配到了偏远的蕲春。

当时，韦斌正负责蕲春的防务。他素来对李泌十分景仰，虽说李泌是以罪人身份被流放到此地，但韦斌对他还是尊崇备至，经常请李泌到自己府上饮酒。韦斌虽然才能一般，但是为人豪爽，喜欢结交朋友。

这天，韦斌请了一些朋友来家中共进晚餐，其中就有李泌。客人们落座后，照例是相互敬酒，嘘寒问暖。可酒宴开始不久，就听到“咕咕，咕咕”的猫头鹰的叫声，令人毛骨悚然。韦斌听到猫头鹰的叫声，脸色突变，沮丧起来。客人们忙问韦斌：“您怎么了？”韦斌说：“夜猫子进宅，无事不来。看来我要走霉运了，可怜我上有老，下有小，唉！”客人们也都没了兴致。李泌哈哈大笑，说：“大家不要伤心，别人都认为夜猫子的叫声是噩运的前兆，如果我们把它当作吉祥的声音来听，就没什么可值得伤心的了。大家都试着这么想，别怕它的叫声，痛痛快快地喝酒！”经李泌这么一说，客人们都慢慢好了起来，开始把猫头鹰的叫声当作吉祥的声音，甚至还盼望它叫，于是，整个夜晚大家都感到过得很愉快。

你看或不看，自然就在那里，不增不减；你想或不想，世界就在那里，不悲不喜。艳阳高照、风和日丽难掩人心中的重重阴霾，乌云密布、狂风骤雨难挡人心中的晴空万里。所以，是福是祸都是人为附加的观念，与事物本身无关。花鸟虫鱼的过往鸣叫，都在表达它们自己的情绪，是欢乐还是悲伤，关键在于人自身的感受。

原文

醲肥辛甘非真味，真味只是淡；神奇卓异非至人，至人只是常。(《菜根谭》)

译文

美酒佳肴并不是真正的美味，真正的美味只在那粗茶淡饭中；才智过人超凡绝俗的人，还不算人间真正的伟人完人，真正的伟人看起来其实只是平凡无奇的人。

解读

对于生活中平凡的、习以为常的东西，人们往往忽视，一点也不加以重视。比如说鸡鸭鱼肉、山珍海味，固然都是极端美味可口的佳肴，但时间久了也会觉得难以下咽；而粗茶淡饭，最益于身体，在一生之中最耐吃。

在生活中，有的人往往仗恃自己才学出众而扬扬得意，盛气凌人。其实这种人并不能博得人们的景仰。因为一个有完美人格和高尚品德的人，都是在平凡中锻造出来的。他们能在平凡中实践自己伟大的人生理想，在不骄不矜中修养自己高尚的品德，这样的人总有一天会达到理想的境界，为世人所景仰。

所谓“万丈高楼平地起”，不论如何伟大的人物都要从平凡中做起，要能耐得住平凡，把自己的美好追求置身于社会，置身于民众，脚踏实地做事情。在平凡之中保留自己纯真的本性，进而在平凡中尽显英雄本色。

案例

韦诜看中才德择婿裴宽

“泰山不让土壤，故能成其大；河海不择细流，故能就其深。”高尚的品德同样也是在一点一滴中积累而成的。而日常的言行又会在无形中体现出人的品德修养，聪明的人善于从细小的事情上判断人的品行，见一叶而知天下秋，管中窥豹，可见一斑。

韦诜是唐时的名门望族之后，睿宗李旦时官至润卅刺史。韦诜膝下有个漂亮的女儿，视作掌上明珠，待字闺中，不少豪门大户上门求亲，韦刺史一一婉拒。

这一年年底休假，韦诜带上几个人游玩，登上镇江城门楼看风景。偶然低头，留意到不远处一户人家后园的花圃里，几个人在挖坑掩埋什么东西。凭借多年的经验，韦诜觉得事出有因。便吩咐随从打探。片刻工夫，手下回来禀报说，园子是裴宽的家。裴宽是个年轻人，在韦诜幕府当参军。韦诜立刻命人去把裴宽叫来，问其中缘由。裴宽迟疑了一下，如实回答道：“有人送鹿肉给我，知道我不收，悄悄放下肉就走了，我也找不到送肉的人，无奈之下我让几个家人把鹿肉埋到后园花圃里，借以表明坚守信义、不贪不腐，不成想正巧被刺史大人您看见。”

韦诜听罢，暗自惊叹，脸上顿时和悦起来。思忖良久，突然对裴宽说：“我有个女儿，我决定将她许配给你为妻。”裴宽一时受宠若惊，不知如何应对，只顾拜谢。

裴宽走后，韦诜回到家中，欣喜地对夫人说：“尝求佳婿，今果得之。”夫人问他是哪家的子弟，韦诜说是一个参军，名叫裴宽。隔天，韦诜派人召裴宽来府上相亲。裴宽人长得像根麻杆，瘦骨嶙峋，穿着一件八品以下官员的长衫，空荡荡弱不禁风，模样精瘦，没一点男子汉气质。韦家女眷躲在帘子后头，见老爷看上的女婿竟这般相貌，不禁一阵唏嘘，帷幕后的韦夫人早已泪流满面地抽泣上了。

裴宽走后，韦诜看到夫人脸上的泪痕，说：“夫人，真正疼爱咱们的女儿，就应当让她嫁个有德有才的人。”最终，韦诜把如花似玉的女儿嫁给了长相不堪的裴宽。

果然，裴宽日后官运亨通，扶摇直上，玄宗时先后担任户部尚书、礼部尚书，备受天子器重，皇上亲笔题词赞他："德比岱云布，心如晋水清。"裴宽对妻子也呵护备至，二人举案齐眉，白头偕老。

"父母之爱子，则为之计深远。"韦诜择婿貌不压众的裴宽，看重的是他的人品；裴宽用事实证明，韦诜的选择是正确的，位极人臣而清名远扬，这些，大概当年韦诜在镇江时就已经看到了。淡泊心志，安于平凡，耐住寂寞，看似平常的生活，远离喧嚣纷争，是修身养性的最佳途径。

原文

一家之中要看得尊长尊，则家治。若看得尊长不尊，如何齐他得？其要在尊长自修。(《呻吟语》)

译文

在一个家庭之中，要把尊长看得很尊贵，那么这个家庭就会治理得好。如果把尊长看得不尊贵，那怎么使这个家庭整齐安宁呢？这里的关键是在于尊长自己的修养如何。

解读

家庭维系着社会的安宁与否。古人齐家、治国、平天下，齐家是放在一个很重要的地位上的。家庭也像一个国家一样，有它的领袖，也就是这个家的家长。家长有了威信，说话才能算数，大家才能听信。他是大家的榜样和主心骨，遇到大事的时候，大家的眼睛都在看着他。如果他能够撑得住，这个家庭就能够渡过难关；如果他撑不住了，这个家庭很有可能就会因此而垮掉。所以，家长的位置很重要，也很关键。

一个家庭中有长有幼，长辈们的言行往往影响到下一辈人，尤其对于孩子们来说，长辈的谈吐、气质都会影响着孩子们品质的发展，甚至是他们心理的健全。而想要培养下一代，家长自己必须要珍视自己的形象，不停地调整自己的心理和人生观，修炼好自己的德行。

案例

崔山南之母乳姑不怠晚辈效

班固曾言："教者，效也，上为之，下效之。"父母是孩子最好的老师，自己的一言一行都可能对孩子构成重大的影响，所以，教育孩子，不能仅仅靠说教，也要靠自身的行动，用无声的语言来启发、指导。

崔山南，名琯，字从律，唐代博陵人，官至山南西道节度使，人称"山南"。

当年，崔山南在襁褓之中，他的曾祖母长孙夫人，年事已高，牙齿脱落，吃饭多有不便，身体逐渐衰弱。山南的祖母唐夫人非常贤惠，对长辈十分孝顺，和邻里的关系也处理得很好。见婆母日渐消瘦，唐夫人焦急万分。

一天，唐夫人喂山南吃过奶后，忽然想到了什么，顿时眉开眼笑。当天晚上，唐夫人洗漱完毕，便来到婆母的卧室，高兴地对长孙夫人说："娘，您这些天嚼不好东西，吃不好饭，都瘦了很多了。今天喂山南的时候我想到一个好办法！孩子也没有牙齿，但是吃了奶水就能长得很好。您如果也吃奶水，那就不愁身体不好了。"说着，便坐到长孙夫人身旁。长孙夫人说："奶水是用来哺育孩子的，我这么大岁数的人，怎么能和孙子抢饭，吃你的奶呢？"唐夫人一再坚持，最后长孙夫人推辞不过，就吃起了儿媳的奶。就这样，连续数年，唐夫人按时用自己的乳汁喂养着婆母长孙夫人。长孙夫人不再吃其他饭食，身体依然十分健康。

长孙夫人病重时，将全家大小召集在一起，说："我无以报答新妇之恩，但愿新妇的子孙媳妇也能像她孝敬我一样孝敬她。"

后来崔山南做了高官，果然像长孙夫人所嘱，孝敬祖母唐夫人。

身教胜于言传，只有自己做好了，才能要求孩子去做。只有自己时时处处以身作则，为孩子树立典范，才有资格去要求孩子孝顺老人。在对待身边的尊长时，父母毕恭毕敬，孩子则不会以下犯上。所以，教育孩子，说到底，也是提高自我修养的一部分。

原文

文章做到极处，无有他奇，只是恰好；人品做到极处，无有他异，只是本然。(《菜根谭》)

译文

文章做到登峰造极的水平，并没有什么奇特的地方，只是把自己情感表达得恰到好处罢了；人的品德修养如果达到炉火纯青的境界，就和普通人没有什么不同，只是使自己回归到纯真朴实的本性而已。

解读

一篇好的文章并不在于它的辞藻有多华丽，而是它可以把人的情感恰到好处地表达出来，如果随意改动一个字都有可能失去它原有的韵味。做人也是如此，为人处世，贵在自然，一切行为都应出于纯真的自然本性，没有一点矫揉造作。

人生是个大舞台，每个人都是演员，都在扮演着不同的角色，自然也就有正面人物和反面角色之分，同时也会存在真真假假、虚虚实实之别。一个人可以扮演多种角色，但却无法具备多个灵魂。所谓“常德不离，复归于婴儿。”人如果能坚守自己高尚的品德，就可以回归到婴儿的那种纯真安宁的状态。这里的回归是经过一番修省磨炼以后更高一个层次的回归，这种回归使人的言行变得自觉而高尚。

做人要卸下自己的伪装，说老实话、办老实事，做老实人，这样才能赢得他人的尊重和信赖。如果我们每个人都能以真诚待人，那这个社会也将会多一分安宁。

案例

王羲之袒腹东床被择乘龙快婿

清水出芙蓉，天然去雕饰。自然美才是真的美，东施效颦永远赶不上西施的沉鱼之艳。与其矫揉造作，不如落落大方，以真实的自己展现在世人面前，无浓妆淡抹之繁，无患得患失之忧。做人如果能够达到此种本色自然之境界，则心胸坦荡、行事光明磊落。

郗鉴是东晋名臣，他有个女儿，年方二八，名叫郗璿。郗璿才貌双全，擅长书法，被弟弟称为“女中笔仙”，被郗鉴视为掌上明珠。郗鉴要为女择婿，他觉得丞相王导家子弟甚多，听说个个都才貌俱佳，于是郗鉴希望能在王丞相家子弟中择婿。

一天早朝后，郗鉴把自己择婿的想法告诉了王丞相。王丞相说：“那好啊，我家里子弟很多，就由您到家里挑选吧，凡你相中的，不管是谁，我都同意。”郗鉴就命管家，带上厚礼，来到王丞相家。

这天，王府的子弟听说郗太尉派人来觅婿，都铆足了劲，仔细打扮一番出来相见，唯盼雀屏中选。

郗府管家看来看去，感觉王府的青年才俊个个都很好。最后，郗府管家来到东跨院的书房里，就见靠墙的床上一个袒腹仰卧的青年人，对太尉觅婿一事，无动于衷。

郗府管家回到府中，对郗太尉说：“王府的年轻公子二十余人，听说郗府觅婿，都争先恐后，唯有东床上有位公子，袒腹躺着若无其事。”郗鉴说：“哈哈，我要选的就是他了！”郗鉴来到王府，见此人既豁达又文雅，才貌双全，当场下了聘礼，择为快婿。这“东床快婿”就是大名鼎鼎的书法家，被后人称之为“书圣”的王羲之。

原来，王羲之在来相府的半路上观赏东汉著名书法家蔡邕的古碑后，沉迷不已，什么事都不放在心上，郗府觅婿的事早已抛之脑后。当他急急忙忙来到相府时，因为天气实在太热，就随手脱掉外衣，袒胸露腹，边喝着茶，边想着蔡邕的书法。不想郗鉴慧眼识人，选了王府中最为优秀的一个子弟。

王羲之被择为东床快婿，看似偶然，实则存在必然因素，虽说王府子弟个个才貌俱佳，但王羲之毕竟在书法方面有一定造诣，无论外表还是才情，都要高于其他兄弟，在书法达到一定境界之后，王羲之的行为举止也潜移默化地受到影响，无拘无束，泰然自若。返璞归真是人生的一种境界，也是人情练达之后必然出现的一种现象。豪华落尽见真淳，做人做事，还是要去掉浮华，本着实事求是的原则为好。

原文

此心常看得圆满，天下自无缺陷之世界；此心常放得宽平，天下自无险侧之人情。(《菜根谭》)

译文

心中如果把一切都看得美好，那么天地间的万事万物也就没有一点缺陷；如果常把自己的心态放宽放平，那么天底下的人情世态中就没有邪恶的事情发生了。

解读

对于一个孩子来说，世界上的一切都是美好的，因为他们的心底很纯洁，没有利益纷争，所以他们看到的都是美好的一面。而随着年龄的增长，人们开始步入社会，受社会左右，有了利益、地位、权势等，我们那颗纯真的赤子之心就开始有了不平、不满，到处去争夺。

而实际上，我们是不能丢掉这颗真心的。在待人接物上，如果我们总是以孩子一样的纯真之心来看待这个世界，以一颗宽容、平和的心态来与人相处，那么我们的心胸才能算是彻底打开，你会发现展现在眼前的是一片美满平和的天地，有更多的机会在等待着你。

案例

宇文测宽厚恕人留佳话

“横看成岭侧成峰，远近高低各不同。”在不同的人眼里，世界之所以不同，在于每个人所站的角度不同，你用什么样的眼光看世界，世界就是什么样的。俗话说“心宽无处不桃源”，只要把心放平了，用善意的眼光去看待，那么世界就会少几分险恶。

宇文测，字澄镜，北魏时任司徒右长史，阳平公主驸马。他乐善好施，仁慈宽厚。

宇文测在洛阳任职期间，家里曾经遭人盗窃，甚至阳平公主的衣服也被偷了。官吏将小偷人赃俱获，请宇文测认领。宇文测担心小偷被坐罪处死，就说不是自己家的衣服，小偷因此得以免去杀身之祸。这个小偷为了感谢宇文测的恩德，请求充当随从服侍左右。后来宇文测随孝武帝西逃，途中非常狼狈，小偷也随着宇文测入关，始终没有产生异心。

宇文测在西魏镇守汾州时，施政简惠，颇得人心。汾州与东魏接壤，东魏的军人经常来此地抄掠财物，有东魏军人被抓获，捆起来送交宇文测处置。宇文测都命令先把他们松绑安置在宾馆，然后才接见，如同接待客人一样设宴款待，然后放他们回国，还派人护送他们出境。从此，东魏人非常惭愧，就再也不来汾州侵扰了，两国边境于是出现稳定局面，两国百姓互通往来，当时人还将宇文测比作羊祜。

宇文测在任太子少保期间去世，宇文泰亲自前往吊唁恸哭。

人生之初，心性善良，眼里看不到奸恶；涉世渐深，戴着有色眼镜看世界，世界就有了颜色。宇文测难得之处在于，虽身处尘世之中，却能保持一颗赤子之心，用善良、宽厚去对待别人的过错，恕人之心天地可鉴。“见得天下皆是坏人，不如见得天下皆是好人。”我们还需在闹市之中抱有童心，戴着天真无邪的眼镜来看世界。

原文

父慈子孝，兄友弟恭，纵作到极处，俱是合当如此，着不得一毫感激的念头。如施者任德，受者怀恩，便是路人，便成市道矣。(《菜根谭》)

译文

父母对子女慈爱，子女们对父母孝顺，兄长对弟妹们友爱，弟妹们对兄长敬重，即便做到极致，这也都是骨肉至亲之间理所当然应该如此的，彼此间不须存有一丝感激的想法。如果施恩的人自以为是恩人，接受的人怀有感恩图报的心理，那就相当于把至亲骨肉当作了陌路人来看待，把骨肉之情变成了一种市井交易。

解读

中国的文化其实也是一种“家文化”，有了家才会有亲情、友情和爱情，并且亲情是从我们出生那一天就存在着的，父母子女、兄弟姐妹们之间的关系因为血的联系而变得亲密，大家一起生活，彼此之间有着深厚的感情，这种感情是世间最真最无私的。

如果对“父慈子孝，兄友弟恭”抱有功利性的想法，不在乎亲情，而只是希望能够得到对方的回报，那么就是将至亲骨肉当作了陌路人来看待，将真诚的骨肉之情变成了一种市井交易，那世间就少了很多的人情味。天伦之乐，正是表现出人的一种善良美好的本性才拥有的，这种爱也是最自然纯朴的，是金钱权力所不能交换的。所以，一定要好好看待这份亲情，无论为亲人做什么都不为过。

案例

朱显顾念亲情焚烧祖父分家券

常言道“家和万事兴”，和睦自古以来就被视为一个家庭成员之间关系的重要标准，只有家人之间和气相处、同舟共济，才能做好其他事情。而想要实现家庭的和睦，不仅需要家人之间互相关爱，还需要有彼此荣辱与共的观念。

朱显是元朝真定县人，元世祖至元年间，朱显的祖父在弥留之际，将家产按等份分好，还立下了字据，把后事交代得非常妥当。英宗至治年间，朱显的哥哥不幸过世，留下了几个年幼的孩子，家里一片萧瑟凄凉。看到侄子们孤苦无依，朱显非常难过，因此，在日常生活当中，他对侄儿彦昉等人视如己出，关怀备至。

朱显看侄子们年纪尚幼，担心日后他们生活无着，难以成人，就找到他的弟弟朱耀商量：“父子兄弟，本就同气连枝，不可分离。现在，哥哥已经离开我们了，他的孩子那么小，无论是情理还是道义上，我们都需要代替哥哥，来履行长辈应尽的责任，把侄子们的生活安顿好，让他们没有后顾之忧。此外，如果没有长辈在他们品行上日日督导的话，又怎能保证他们的厚道善良？所以，我们是不是不要分家，全心全力来看护和照顾他们？”

平日，哥哥对年幼的侄子们照顾有加，弟弟朱耀看在眼里。现在，哥哥又提议整个大家庭共同分享遗产，弟弟欣然同意。于是，他们一同来到祖父的墓前，把祖父留下来的分产字据全部焚毁。从此之后，全家人继续其乐融融地共同生活在一起，互相关怀照顾，温馨和睦。

古人有云：“父子和而家不退，兄弟和而家不分。”朱显兄弟用自己的实际行动证明了这个道理。庾衮事兄，疫盛不避；张润无私，八世同居；郑濂碎梨，食者千余……一家人在一起，其乐融融才是最重要、最幸福的。为了亲人，赴汤蹈火在所不辞，与亲情相比，财富、生命都显得那么微不足道。

原文

家人有过，不宜暴怒，不宜轻弃；此事难言，借他事隐讽之；今日不悟，俟来日再警之。如春风解冻，如和气消冰，才是家庭的型范。(《菜根谭》)

译文

家里有人犯了过错，不可以随便大发脾气，也不应该轻易地放弃他不管；如果这件事不好直接说明他的错误，可以借其他的事来提醒暗示他知错改正；如果不能立刻使他醒悟，可以过一些时候再耐心劝告。这就像温暖的春风化解大地的冻土，暖和的气候使冰雪融化一样，这样才是处理家庭琐事的典范。

解读

从古至今，怎样处理家庭关系，一直是大家都非常关注的问题，这也是一门非常讲究的学问。

处理家庭问题要讲究方式方法，在态度上，不可以采取粗暴的方式，也不能采取轻言放弃的冷漠态度。因为这样的方式都可能对家庭成员之间的关系产生不良影响。在方法上，有些事情不好直接说出来的，可以通过别的事情，来提示他、警示他，以帮助他改正错误。再有就是要有持之以恒的耐心，不可以轻言放弃。今日不悟，俟来日再警之。

只有这样循序诱导，才会“春风解冻，和气消冰”，才能化解矛盾，家人之间的关系也才会融洽与和睦。

案例

陈世恩夜待 三弟痛改前非

血浓于水，兄弟姐妹之间的手足之情温暖人心，但是，家人之间的矛盾处理起来也是不容易的，家庭成员之间的关系如果处理不好，轻则口舌相争，重则反目成愁、手足相残。所以处理家人之间的关系，同样需要讲究方式、方法。

陈世恩，字庆远，号两峰，河南夏邑人，官至工科给事中。明朝万历十七年（1589年）己丑科进士，出任北直隶保定府司李。任期内办案公正详明，谨慎用刑，不畏权贵，务崇实学，特别注意对子弟的教育。

他在兄弟三人中排行老二，大哥被推举为孝廉，素有孝行，德才兼具，故被推举为“孝廉先生”。下有一个小弟，少年轻狂，不爱念书，整日在外游荡嬉戏，早出晚归。哥哥对小弟的行为非常生气，常常声色俱厉地规劝，但是小弟并不受教，依然我行我素。世恩劝哥哥说：“这么做不但没什么效果，反而会伤了兄弟之情啊！”于是世恩每天晚上守在门外，等小弟回来了，才把大门锁上，还不时地关心他的饥饱寒暖，没有一点不悦神色。经过一段时间后，小弟终于被世恩的真情感动，幡然悔悟，再也不晚归了。

当陈世恩考中进士、显贵发达时，大哥已经过世了。有一天，大哥偏房的弟弟吴三来家中探望姐姐。吴三是个粗人，穿着邋遢破旧，但陈世恩不以为意，仍视吴三为贵客，邀请他上座共食。

这时正好小弟回来，看到这种情形，便将世恩拉至一旁不以为然地说：“请他吃饭在哪儿坐都可以啊！何必要让他上桌坐在客位上呢？”世恩回答：“庶嫂没生一男半女，年纪轻轻就为大哥守寡至今，她严守本分，不愿再嫁，我非常感佩她的德行，自然对她的弟弟也有所敬重，和他在一起共桌吃饭，又有什么关系呢！”小弟听了，对陈世恩更加佩服。

陈世恩的两个儿子，陈升、陈陛，后来均考中进士，在朝为官。

就弟弟晚归而言，大哥的劝导指责无可厚非却没有收到预期的效果，关键在于他在劝导弟弟的时候只是以道理来说教，态度强硬，让弟弟产生反感；而陈世恩每天真诚地关怀和等候，毫无不悦之色，这种润物无声的行为真正触动了弟弟的内心深处：深夜晚归不单单是他自己一个人的事儿，还让兄长牵挂、深夜难眠、嘘寒问暖，必然痛改前非。陈世恩不但让弟弟彻底悔改，还感受到了兄弟间亲情的温暖，实在是明智之举。可见，在家人有过错时，我们要考虑到对方的情绪、尊严，注重亲情，选择一个最容易让人接受的方法，妥善处理，才能让亲人改过，又能增进家庭的和睦。

原文

教弟子，如养闺女，最要严出入，谨交游。若一接近匪人，是清净田中下一不净的种子，便终生难植嘉禾矣！（《菜根谭》）

译文

教导弟子，要像养育一个女孩子一样，最关键的是要严格管束他们的出入，注意他们所交的朋友。万一不小心结交了行为不正的人，就好比是在良田之中播下了坏种子，这样便一辈子都成不了有用之才了。

解读

教养子女，是父母对子女的义务，中国人历来重视对子女的教育，所以人们常说“养不教，父之过”。在子女年幼的时候，由于社会经验的不足，与人交往，不会分辨善恶，容易受到别人的误导而误入歧途。这就需要父母善加诱导，帮助子女谨慎交友。

常言道：“近朱者赤，近墨者黑”，朋友的好与坏，对人的一生影响很大。好的朋友可以帮助你走向成功之路，而如果与行为不正的人交上朋友，则可能坠入腐化堕落的深渊，甚至葬送自己的前程。所以在与人交往中，要谨慎交友，宁可不交，也不可滥交。

在子女与人交往的路途上，家长要给予孩子一个良好的生活环境，让孩子学会交良友交益友，绝对不能采取放任主义。

案例

陶母为子近贤 剪发易食待客

环境对人的影响是很大的，尤其是对于涉世未深的孩子而言。孩子的成长，不仅会受到父母的影响，也取决于他所生活的圈子，与什么样的人交往也会影响他的发展方向。孟母三迁，才让孟子成为一代圣贤。陶侃是东晋名将，位极人臣，但很少有人知道，陶侃的成功很大程度上得力于他的母亲湛夫人的教育。

湛夫人出生于三国时期的吴国，家境贫寒，父亲早丧。16岁时嫁给吴国扬武将军陶丹为妾。陶侃出世后，时局混乱，战事不断，陶丹家道中落，举家从鄱阳迁往庐江郡浔阳县不久，陶丹便因病去世。湛夫人小时候受过一点启蒙教育，是个有少许文化的女子。她深知读书的重要，因而省吃俭用，以自己纺纱织布的微薄收入供儿子读书。她认为，孩子的品格是从幼年就开始形成的，课子不严，教子不紧，将会贻误孩子的一生。她教育儿子爱惜光阴，崇尚勤俭。

湛夫人曾教导儿子说："交朋友一定要拣那些品行端正的人，切不可与那种纨绔子弟来往。你交朋友若是缺钱时，尽管向我说就是了。"陶侃接受了母亲的教诲，常常与品德高尚的人亲近，自己的品望也因此提高得很快。

一年冬天，家里来了一位嘉宾，是鄱阳的范逵先生。当时，一连下了好几天的雪，陶侃家已空无所有，可范逵所带的马匹仆从很多。陶侃很是着急，湛夫人便安慰儿子说："不妨事，你只管留住他，其他的我来想办法。这位贤人你多亲近他一刻，便多长进一分。"湛氏头发很长，一直拖到地上。她把自己的头发剪下来卖了，换回几斛米和酒菜。又把每根柱子都砍下一半来做柴烧，把床铺下的新草垫替出来，剁了喂马。等到太阳落山，终于摆上了精美的饮食，客人畅饮极欢，连仆从也受到未曾想到的招待。

事后，范逵得知了这件事，不禁赞叹道："不是这样的母亲，也生不出这样的佳儿啊！"后来陶侃被举荐为县吏，之后为稳定东晋政权立下汗马功劳，治理之地"路不拾遗"，为官清廉，为世人所称道："公机神明鉴似魏武，忠顺勤劳似孔明，陆抗诸人不能及也。"陶母也与孟母、欧母、岳母一道，被尊称为"四大贤母"。

颜之推有云"与善人居，如入芝兰之室，久而自芳也；与恶人居，如入鲍鱼之肆，久而自臭也”。古人有言“居必择邻，交必良友”。而人分辨善恶、好坏的能力，则是靠父母引导和培养的。所以，为人父母，除了给孩子饱暖的物质生活以外，还要注重对他们进行思想、品德的培养，两相比较，后者更为重要。